EL REGRESO A TI MISMO

Descubriendo tu verdadero ser gracias al Eneagrama

Simone Keys

Copyright 2023 Todos los derechos reservados©.
Está estrictamente prohibido reproducir, duplicar o transmitir el contenido de este libro sin la autorización expresa y por escrito de la autora. En ningún caso, el editor será considerado legalmente responsable de cualquier indemnización, daño o pérdida monetaria causada por la información contenida en este libro, ya sea de forma directa o indirecta.

Aviso legal:
No se permite realizar modificaciones, distribución, venta, uso o citación alguna del contenido de este libro sin el consentimiento expreso de la autora.

Aviso de exención de responsabilidad:
La información incluida en este libro sólo tiene fines educativos y de entretenimiento. No se proporcionan garantías explícitas ni implícitas de ningún tipo. Los lectores reconocen que la autora no ofrece asesoramiento legal, financiero, médico o profesional.

Índice

Introducción. Poder transformador del Eneagrama	11
Capítulo 1. Lo que no sabes de ti mismo	15
¿Por qué es importante el autoconocimiento?	19
Autoconocimiento y relaciones	24
Rompiendo los patrones que estancan	29
La espiritualidad y el autoconocimiento	35
Capítulo 2. Descubriendo el verdadero ser	39
Historia y origen del Eneagrama	41
Los 9 tipos de personalidad del Eneagrama	45
Características de los 9 tipos de personalidad	48
Ejercicios para identificar tipos de personalidad	54
Capítulo 3. Personalidad tipo 1: El Perfeccionista	63
La personalidad del tipo uno	64

Interacción con el mundo y relaciones	68
Superando la necesidad de perfección	70
Cultivando la autocompasión	72
Capítulo 4. Personalidad tipo 2: El Ayudador	77
La personalidad del tipo dos	78
Fortalezas y debilidades en las relaciones	81
Estableciendo límites saludables	85
Equilibrando el dar y recibir	88
Capítulo 5. Personalidad tipo 3: El Triunfador	91
La personalidad del tipo tres	94
Relaciones del tipo tres	99
Liberación de la búsqueda constante de éxito	105
Conectando con la autenticidad	110
Capítulo 6. Personalidad tipo 4: El Individualista	115
La personalidad del tipo cuatro	117

Emocionalidad en la vida del tipo cuatro	120
Fomentando la gratitud	124
Superando la tendencia a la melancolía	128
Capítulo 7. Personalidad tipo 5: El Observador	133
La personalidad del tipo cinco	136
Interacción con el mundo emocional	139
Superando el aislamiento emocional	145
Desarrollando la conexión con los demás	148
Capítulo 8. Personalidad tipo 6: El Leal	153
La personalidad del tipo seis	155
Luchas y fortalezas del tipo seis	158
Superando el miedo	160
Desarrollando la confianza en ti mismo	163
Capítulo 9. Personalidad tipo 7: El Entusiasta	167
La personalidad del tipo siete	171

Enfoque en la búsqueda de experiencias — 173

Abrazando la plenitud en el presente — 174

Evitando la dispersión — 177

Capítulo 10. Personalidad tipo 8: El Protector — 181

La personalidad del tipo ocho — 184

Relación con el poder — 186

Relación con el control — 188

El control como empoderamiento saludable — 191

Capítulo 11. Personalidad tipo 9: El Pacificador — 195

La personalidad del tipo nueve — 198

Evitando el conflicto — 199

Buscando la armonía — 201

Desarrollando una voz propia — 204

Conclusión. Hacia la sabiduría y la compasión — 207

Bonus — 211

1. Visualización y transformación personal   211

2. Afirmaciones para la autotransformación   215

3. Cultivando la Resiliencia Emocional   223

4. Construyendo Relaciones Saludables   229

INTRODUCCIÓN

Poder transformador del Eneagrama

Bienvenido a un viaje de autodescubrimiento y crecimiento personal. Estoy emocionada de presentarte mi nuevo libro: "El regreso a ti mismo: descubriendo tu verdadero ser gracias al eneagrama".

En estas páginas, quiero que descubramos el enigmático mundo del Eneagrama y cómo nos puede ayudar a encontrar los secretos más profundos de nuestro ser.

El rápido ritmo de la vida moderna nos ha llenado de responsabilidades permanentes, expectativas y desafíos. En medio de este escenario, no es difícil perder nuestro verdadero ser.

A menudo, podemos darnos cuenta de que repetimos patrones, enfrentamos obstáculos en nuestras relaciones, y nos sentimos desconectados de nuestro verdadero propósito.

Aquí es cuando el Eneagrama nos puede ayudar. Este antiguo sistema para tipificar la personalidad, es muy preciso para describir nuestras características positivas y negativas, y la forma de relacionarnos con otras personas.

El Eneagrama nos muestra cómo nuestra interacción con el entorno y con quienes nos rodean, están influenciadas por nuestras características únicas.

En este libro te quiero invitar al autoconocimiento, vamos a identificar nuestra personalidad, a comprender qué nos motiva y a superar los desafíos que nos estancan.

Aquí encontrarás herramientas y técnicas con las que podrás realizar cambios significativos en tu vida, desde el primer momento.

Por medio de ejercicios prácticos, te voy a presentar cada uno de los nueve tipos de personalidad del Eneagrama. Descubre quién eres, y cómo los demás ven el mundo, comprende sus pensamientos, emociones y acciones desde otra perspectiva, una más profunda y compasiva.

Lo que no sabes de ti mismo te puede perjudicar, así como a tus relaciones, permíteme ser tu guía hacia la comprensión de ti mismo, a reconocer tus fortalezas, tus debilidades y a superar los desafíos que se te presenten.

Al final de este libro, te doy cuatro regalos, son cuatro secciones especiales o bonus, donde te ofrezco ejercicios de visualización, afirmaciones poderosas y un par de temas relevantes para complementar tu experiencia con el Eneagrama.

Prepárate para emprender el camino de vuelta a ti, estás a punto de comenzar una aventura que mejorará tu vida para siempre.

Con cariño,
Simone Keys

CAPÍTULO 1

Lo que no sabes de ti mismo

En este primer capítulo, hablaremos de la importancia de conocernos a nosotros mismos, y lo que implica no hacerlo, ya que, el desconocimiento de cómo somos, puede perjudicarnos personalmente y afectar nuestra relación con otras personas.

Sin una comprensión clara de nuestras motivaciones, temores y deseos, podemos tomar decisiones inadecuadas, perpetuar malos hábitos y distanciarnos de quienes amamos. La ignorancia sobre nosotros mismos es un efecto que nos impide evolucionar.

Es importante conocer nuestra propia naturaleza ya que cada uno de nosotros es único, una combinación irrepetible de personalidad, talentos y perspectivas.

Al conocernos, podemos alinear nuestras acciones y decisiones con nuestros valores y objetivos, así podemos alcanzar grandes metas, obtener mayor satisfacción y disfrutar del bienestar en cada área de nuestra vida.

Además, la conexión entre el autoconocimiento y la espiritualidad es profunda. Cuando nos embarcamos en un viaje de descubrimiento personal, abrimos la puerta a una relación más íntima y auténtica con Dios.

El camino hacia el autodescubrimiento no es siempre fácil, pero es necesario para tener una vida plena. Estoy aquí para apoyarte en este proceso, para compartir contigo la sabiduría del Eneagrama y ayudarte a desvelar las verdades ocultas dentro de ti.

Así que, prepárate para descubrir la profundidad de tu ser, descubramos juntos tus tesoros internos. Abramos la puerta a la autenticidad y al crecimiento personal.

Adelantemos un poco examinando tus patrones repetitivos, estos pueden manifestarse como autocríticas, miedos o relaciones tóxicas. Puedes comenzar identificando situaciones específicas en las que se manifiestan y reflexionar sobre cómo surgen.

Ahora bien, con respecto a nuestras creencias subconscientes, estas tienen gran impacto en cómo percibimos el mundo y en cómo nos comportamos.

A menudo se forman durante nuestra infancia y se arraigan en nuestro ser, en este caso te invito a reflexionar sobre tus creencias y cómo pueden estar influyendo en tu vida actual ¿Qué creencias subconscientes crees que guían tus elecciones y acciones? ¿Te ayudan a crecer y prosperar? ¿Te limitan y te mantienen estancado?

A veces, no somos conscientes de nuestras fortalezas y habilidades, pero estas son claves para superar los desafíos que se nos presentan y para alcanzar nuestras metas.

Haz una lista de tus talentos, pídele a alguien cercano que también haga una lista con tus cualidades positivas, compara ambas y reflexiona sobre cómo puedes aprovechar tus fortalezas en los diferentes aspectos de tu vida.

El proceso de descubrir lo que no sabes de ti mismo es desafiante, pero vale la pena el esfuerzo, ya que tendrás oportunidades de transformación y mejora ¿Estás dispuesto a salir de tu zona de confort? ¿Qué crees que podrías descubrir al explorar tus facetas ocultas?

La autoexploración no es lineal ni estática, mientras creces y evolucionas, nuevas facetas de ti van a surgir. Te recomiendo llevar un diario, anota tus emociones, pensamientos y descubrimientos, esto te ayudará a registrar tu crecimiento e identificar patrones recurrentes.

El objetivo de este capítulo es ayudarte a identificar los aspectos que desconoces de ti mismo, que te pueden estar perjudicando a ti y a tus relaciones. Al enfrentarlos, podrás liberarte de patrones limitantes, te abrirás a nuevas formas de ser, y a relacionarte con los demás.

Este viaje de autodescubrimiento es único para ti, requiere paciencia, compasión y perseverancia. Permítete explorar lo desconocido, desafiar tus creencias arraigadas y crecer en tu camino hacia una versión más auténtica y plena de ti mismo.

¡Empecemos este viaje de autodescubrimiento juntos!

¿Por qué es importante el autoconocimiento?

El autoconocimiento es la base para el crecimiento personal, las relaciones saludables y nuestro bienestar en general. Es un viaje revelador que nos permite comprender nuestras fortalezas, debilidades, valores, creencias y motivaciones.

Hay muchas razones importantes por las que debemos conocernos a nosotros mismos, algunas de las más importantes son:

Autoaceptación, autenticidad y congruencia

Al conocer nuestras fortalezas, debilidades, valores y creencias, nos podemos aceptar tal como somos, ser auténticos, congruentes con nuestros valores y deseos, y además, disfrutamos de relaciones más genuinas y satisfactorias con los demás.

El autoconocimiento nos permite vivir según nuestros verdaderos valores, en lugar de tratar de encajar en moldes o de satisfacer expectativas externas. Cuando estamos alineados con nuestra esencia, tenemos mayor coherencia interna e integridad en todas las áreas de nuestra vida.

Te pongo el ejemplo de un empleado que sus valores y pasiones no se alinean con la empresa donde trabaja, aunque gane mucho dinero y tenga éxito, va a estar insatisfecho y desanimado.

Esta persona inicia el proceso de autoconocimiento y descubre que su verdadera pasión es ayudar a los demás, por lo que decide emprender otro camino profesional más relacionado con sus valores. En este ejemplo, el autoconocimiento condujo a esta persona a tener una vida más auténtica y significativa.

Toma de decisiones conscientes

El autoconocimiento nos da claridad para tomar decisiones conscientes, fundamentadas en nuestras metas personales y necesidades.

Al comprender nuestros deseos, prioridades y límites, tomamos decisiones según nuestra visión de vida. Conocernos a nosotros mismos nos permite controlar nuestra vida y dirigirla, sin ser influenciados por otros, ni caer en patrones impulsivos.

Supongamos que invitan a alguien a participar en un proyecto que requiere mucho tiempo y esfuerzo. Sin un buen conocimiento de sí mismo, podría aceptar la oferta sin considerar si tiene la capacidad o el interés para llevarlo a cabo.

Por lo contrario, si conoce sus capacidades, evaluará si el proyecto se alinea con sus fortalezas, intereses y objetivos personales y tomará una decisión informada.

Mejorar las relaciones interpersonales

El autoconocimiento permite establecer relaciones saludables. Al comprender nuestras emociones, necesidades y patrones de comportamiento, nos comunicamos mejor, establecemos límites adecuados y cultivamos relaciones basadas en la autenticidad y la comprensión mutua.

Al comprender nuestras propias tendencias y las de los demás, fomentamos empatía y comprensión en nuestras relaciones.

Considera a alguien que tiene dificultades para expresar sus necesidades y emociones en una relación de pareja. Mediante el autoconocimiento, esta persona puede identificar las razones detrás de su dificultad de expresión.

Al comprender estas dinámicas internas, podrá mejorar su habilidad para comunicarse de manera abierta y asertiva, y a su vez, fortalecerá la relación mediante una comunicación sincera y empática, fomentando una conexión más profunda con su pareja.

Desarrollo personal y crecimiento

A medida que identificamos patrones de comportamiento limitantes, tenemos la oportunidad para descubrir áreas a mejorar, desarrollar nuevas habilidades, superar obstáculos internos y expandir nuestro potencial.

Imagina a alguien que descubre su tendencia a ser muy autocrítico. Al darse cuenta de esto, comienza a practicar la autocompasión e intenta tener una mentalidad más positiva. Con el tiempo, tendrá un crecimiento personal significativo, aumentará su confianza y bienestar emocional.

Bienestar emocional y mental

El autoconocimiento permite reconocer y gestionar emociones de manera saludable. Al comprender nuestras reacciones emocionales y sus desencadenantes, podemos desarrollar estrategias para manejar el estrés y promover nuestro bienestar mental, estableciendo hábitos de autocuidado y buscando apoyo adecuado de ser necesario.

Crecimiento espiritual

Al explorar nuestra propia esencia y conectar con nuestra espiritualidad, podemos encontrar un mayor sentido, propósito y significado en nuestra vida.

Autoconocimiento y relaciones

Es sorprendente cómo la falta de autoconocimiento nos perjudica al obstaculizar nuestra capacidad para establecer relaciones.

Durante el proceso de autoconocimiento, veremos cómo nuestras acciones inconscientes, emociones no gestionadas y patrones de comportamiento negativos pueden afectarnos a nosotros mismos y a quienes nos rodean.

Por lo pronto, estas son algunas formas en las que el desconocimiento de nosotros mismos nos puede perjudicar y afectar nuestras relaciones:

Repetición de patrones nocivos

El autoconocimiento favorece que, sin ser conscientes de ello, repitamos patrones de comportamiento negativos. Caemos en dinámicas tóxicas al reaccionar de manera exagerada ante determinadas situaciones, o al actuar impulsivamente sin entender la causa de nuestras acciones.

Sin entender nuestras creencias, heridas y comportamientos arraigados, es probable que repitamos patrones dañinos en nuestras relaciones, quedando atrapados en un ciclo de interminables conflictos.

Imagina a alguien que haya crecido en un entorno agresivo y conflictivo. Si no se conoce a sí mismo, sin darse cuenta puede adoptar esa misma forma de comunicación en sus relaciones, generando un patrón de constantes discusiones y malentendidos, lo cual va a perjudicar la calidad de sus relaciones y dificultar su conexión emocional.

Falta de autoaceptación y autoestima

El desconocimiento de uno mismo puede generar la falta de aceptación y amor propio. Si no comprendemos nuestras fortalezas, cualidades y valores, es más probable que nos comparemos con otros y nos sintamos inadecuados, esto desmejora nuestra autoestima y nos conduce a buscar una validación externa de manera constante.

Una persona que no se conoce a sí misma puede pasar la mayor parte de su tiempo tratando de encajar en lo que otros esperan de ella, en lugar de reconocer sus propios deseos y necesidades, se esfuerza por complacer a los demás; esto le puede generar resentimiento, frustración, así como relaciones superficiales y poco auténticas.

Dificultades en la comunicación y empatía

El desconocimiento de nuestras propias emociones y necesidades dificulta nuestra comunicación efectiva y la comprensión de los demás.

Al no entender nuestras propias emociones y motivaciones, es difícil empatizar con las experiencias y sentimientos de otros, juzgamos rápidamente a las personas sin comprender su perspectiva o ignorando las necesidades emocionales de quienes nos rodean, esto causa tensión en nuestras relaciones.

Cuando no nos conocemos a nosotros mismos, es más difícil comunicar nuestras necesidades, deseos y emociones de manera clara y efectiva. Luchamos por expresar lo que realmente queremos o necesitamos, y esto puede generar malentendidos y conflictos en nuestras relaciones.

Supongamos que alguien no tiene conciencia de que reprime sus emociones. En una relación, esto confunde y genera malentendidos, ya que esa falta de expresión emocional se puede interpretar como indiferencia o desinterés, dificultando la conexión emocional y la construcción de una relación basada en confianza y empatía.

Relaciones desequilibradas

La falta de autoconocimiento puede conducirnos a relaciones desequilibradas, donde no establecemos límites saludables, permitimos que otros aprovechen nuestras vulnerabilidades, creamos dependencia emocional o nos sacrificamos constantemente por el bienestar de los demás descuidando el nuestro.

Autoboicot y estancamiento personal

El desconocimiento de uno mismo puede llevarnos a auto-boicotearnos, negando nuestras habilidades e impidiendo nuestro crecimiento personal. Nos limitamos al no reconocer nuestro potencial y desaprovechando oportunidades.

Ahora que somos conscientes de cómo el autodesconocimiento nos perjudica y puede afectar nuestras relaciones, es hora de tomar medidas. Estas son algunas estrategias prácticas que nos pueden ser de gran utilidad para conocernos a nosotros mismos:

La autorreflexión

La autorreflexión te ayudará a profundizar en tu interior y comprender mejor quién eres en realidad. Dedica tiempo para pregúntate cómo te sientes, qué te motiva, cuáles son tus valores y qué patrones de comportamiento has observado en ti.

La búsqueda de retroalimentación

La retroalimentación constructiva de otros puede dar una valiosa perspectiva y ayudar a descubrir aspectos de ti que tal vez no hayas considerado. Busca la opinión de personas cercanas y de confianza.

Pregúntales cómo te perciben, qué fortalezas ven en ti y en qué áreas creen que podrías mejorar.

La práctica de la autocompasión

Todos tenemos fortalezas y debilidades, pero el crecimiento personal implica aceptar y amar cada parte de nosotros mismos. Sé autocompasivo, acéptate incondicionalmente, perdónate por tus errores, sé amable contigo mismo y no te juzgues severamente.

La exploración de técnicas de autoconocimiento

Técnicas como la meditación, el yoga, la terapia o el uso de herramientas como el Eneagrama, te ayudarán a comprender tus patrones de pensamiento, emociones y comportamientos.

Rompiendo los patrones que estancan

Es posible que en algún momento nos hayamos sentido atrapados en ciclos repetitivos, intentando avanzar hacia nuestros objetivos y sueños, pero sin éxito.

Estos patrones repetitivos pueden manifestarse en nuestras relaciones interpersonales, carrera profesional, salud o desarrollo espiritual, impidiendo nuestro crecimiento personal y alejándonos de la vida que deseamos.

Tenemos el poder para romper estos ciclos y liberarnos del estancamiento, para ello necesitamos reconocer que estos patrones son producto de creencias arraigadas, miedos y comportamientos automáticos.

Revisa tu propia historia e identifica los patrones que te estancan, este es el primer paso para transformarlos en oportunidades de crecimiento y superación.

Para romper los patrones que nos estancan, es necesario reconocerlos y tomar conciencia de ellos, esto se logra identificando, con atención plena, los comportamientos, pensamientos y creencias repetitivas que nos limitan.

De igual forma, es necesario reconocer cómo surgen en nuestra vida ¿Qué patrones recurrentes has observado en tu vida? ¿Cómo te están limitando? ¿Qué propicia estos patrones en tu vida?

La autoconciencia nos permite reconocer cuándo estamos atrapados en un patrón negativo. Estos se pueden manifestar de varias formas, algunas son:

Pensamientos limitantes: Los pensamientos negativos, autocríticos y limitantes, pueden convertirse en patrones arraigados que nos mantienen estancados, nos impiden ver nuestro verdadero potencial, nos impiden perseguir nuestra verdadera pasión, nos dicen que no somos lo suficientemente buenos, que no merecemos tener éxito o que no vamos a superar ciertos obstáculos.

Comportamientos autodestructivos: La procrastinación, la indisciplina o evadir responsabilidades, son comportamientos que pueden convertirse en patrones negativos y estancarnos, nos impiden tomar acción, alcanzar nuestro máximo potencial y lograr nuestros objetivos.

Zona de confort: La resistencia al cambio y el apego a la comodidad pueden convertirse en un patrón negativo que nos mantiene en una vida monótona y sin crecimiento. Permanecer dentro de nuestra zona de confort nos impide explorar nuevas experiencias, enfrentar desafíos y descubrir nuestro verdadero potencial.

Ya identificamos algunos patrones negativos que nos estancan, pero ¿Cómo nos libramos de ellos? Estas son algunas estrategias prácticas que nos pueden ayudar:

Tomar acción deliberada: Identifica qué puedes hacer para cambiar tu situación y comienza a dar los primeros pasos, incluso si estás incómodo o temeroso. El cambio real solo ocurre cuando nos comprometemos, actuamos, y desafiamos nuestra zona de confort.

Por ejemplo, si tu patrón es la procrastinación, establece metas diarias o semanales y hazte el compromiso de cumplirlas sin demora, crea un plan de acción detallado, establece recordatorios y busca apoyo para mantener tu motivación. Este ejercicio te ayudará a no procrastinar y a establecer nuevos hábitos productivos.

Cuestionar las creencias limitantes: Cuestiona las creencias arraigadas, a menudo respaldan patrones negativos, en su lugar podemos reemplazarlas con pensamientos positivos y empoderadores.

Cultivar la mentalidad de crecimiento: Debemos estar dispuestos a salir de nuestra zona de confort, asumir riesgos y enfrentar nuestros miedos para superar el estancamiento. Romper patrones limitantes requiere adoptar una mentalidad de crecimiento, en la cual vemos oportunidades de aprendizaje y de crecimiento en los desafíos.

Establecer metas y acciones concretas: Establecer objetivos realistas y diseñar un plan de acción detallado para hacer las transformaciones necesarias en nuestra vida, nos puede ayudar a romper patrones y a liberarnos del ciclo de estancamiento.

Buscar apoyo y guía: No estamos solos tratando de romper patrones limitantes, podemos buscar ayuda profesional y la guía de mentores o seres queridos, esto es muy valioso ya que nos brinda nuevas perspectivas, motivación y el apoyo necesario para superar los desafíos.

A través de la dedicación y el compromiso con nuestro crecimiento personal, podemos liberarnos de los patrones que nos mantienen estancados, este proceso de cambio no sucede de la noche a la mañana, requiere tiempo, paciencia y autocompasión.

Cada pequeño paso que tomes hacia la dirección del cambio es valioso, celebra tus logros, por pequeños que sean, te van a mantener motivado y confiado en ti mismo y en tu avance hacia la transformación personal.

Sé autocompasivo, acéptate tal y como eres a lo largo de este proceso, reconoce que romper patrones es un desafío y que puedes encontrar obstáculos en el proceso. Permítete cometer errores, aprende de ellos y sigue adelante.

Tienes el poder de romper los patrones que te mantienen estancado. Al desafiar tus pensamientos limitantes, adoptar nuevos comportamientos y salir de tu zona de confort, estarás abriendo el camino al crecimiento personal y a la realización.

Eres el protagonista de tu propia historia, avanza hacia una vida más satisfactoria ¡El cambio comienza ahora!

La espiritualidad y el autoconocimiento

Desde hace siglos, muchas tradiciones espirituales han reconocido que el camino hacia el crecimiento implica una profunda comprensión de nuestra propia naturaleza. El autoconocimiento y la espiritualidad se entrelazan en su propia base, la búsqueda interior, y a través de ella, ambas pueden guiarnos hacia una vida más significativa.

Con la introspección, la reflexión y la observación de nuestra mente y emociones, podemos descubrir nuestra verdadera esencia. Este proceso nos permite conectarnos con algo más profundo y trascendental, más allá de nuestra propia existencia.

Imagina que una persona ha experimentado una falta de propósito en tu vida, siente un vacío en su ser, y en lugar de buscar respuestas en el exterior, prefiere meditar, practicar la escritura reflexiva o mantener contacto con la naturaleza para intentar adentrarse en su propio ser.

Así comienza a profundizar en su interior, descubriendo sus valores, pasiones y un sentido de conexión con algo más grande que sí mismo. Esta búsqueda interior es un catalizador para despertar la espiritualidad y encontrar un mayor significado en su vida.

A medida que nos conocemos mejor a nosotros mismos, comenzamos a desarrollar una mayor comprensión de nuestras necesidades, deseos y propósito de vida. Esta autoexploración permite alinearnos con nuestra verdadera naturaleza, nos ayuda a despojarnos de máscaras y roles que usamos para encajar en la sociedad.

Al aceptar tu voz interior y tomar decisiones acordes con tu autenticidad, puedes experimentar una conexión más profunda contigo mismo y un sentido de plenitud espiritual.

Las prácticas espirituales permiten explorar nuestra mente, emociones y relaciones con los demás, a través de la meditación, la oración, el estudio de textos sagrados y la participación en comunidades espirituales, con estas prácticas podemos cultivar la conciencia plena y la conexión con algo más grande que nosotros mismos.

Entre la espiritualidad y el auto-conocimiento hay una profunda y significativa conexión. Al conectar con tu espiritualidad, descubres una fuente interna de fortaleza y sabiduría que te guía en tu proceso de autoconocimiento y, a medida que nos auto-descubrimos, nos encontramos con nuestra esencia espiritual.

Un ejercicio práctico para profundizar en esta conexión es dedicar tiempo a la contemplación y la introspección. Reserva unos minutos al despertar o antes de dormir, reflexiona sobre tus pensamientos, emociones y experiencias del día. Observa cómo te sientes en cada momento y cómo tus acciones se alinean con tus valores.

La comprensión profunda de ti mismo y tu conexión espiritual te abrirán puertas hacia una vida más plena, significativa y llena de autenticidad.

CAPÍTULO 2

Descubriendo el verdadero ser

En este capítulo vamos a incursionar en el mundo del Eneagrama, un antiguo sistema para tipificar la personalidad que nos permite conocernos de forma más profunda, tanto a nosotros mismos como a los demás.

Mediante este poderoso enfoque, vamos a descubrir cómo, los nueve tipos de personalidad que describe el Eneagrama, pueden revelar aspectos ocultos de nuestra forma de ser y cómo podemos utilizar este conocimiento para vivir una vida más plena y auténtica.

Particularmente pienso que el Eneagrama es mucho más que una simple clasificación de personalidades, para mí, es una poderosa herramienta, la cual nos invita a explorar lo compleja y profunda que puede ser nuestra propia psicología.

Cada uno de los nueve tipos de personalidad del Eneagrama, representa un patrón único de pensamientos, emociones y comportamientos, además, adentraremos

A medida que exploramos estos tipos de personalidad, fortalecemos nuestros procesos de autoexploración y autodescubrimiento, podremos comprender nuestras motivaciones, miedos y patrones de comportamiento, liberarnos de las limitaciones que nos estancan y lograr un significativo crecimiento personal.

El Eneagrama también nos permite ser más compasivos, empáticos y comprensivos hacia los demás, promueve una comunicación más efectiva y mejora nuestras relaciones ya que, nos permite ver el mundo con otros ojos y comprender cómo las motivaciones y acciones de los demás están influenciadas por su tipo de personalidad.

El Eneagrama es una herramienta que permite romper patrones limitantes, nos libera de creencias arraigadas y comportamientos negativos. Es una brújula que nos guía hacia nuestro verdadero ser, permitiéndonos vivir en coherencia con nuestra autenticidad y potencial máximo.

Para comenzar a explorar el Eneagrama es recomendable realizar un cuestionario o test e identificar tu tipo de personalidad, una vez hecho esto, investiga y comprende las características, motivaciones y desafíos asociados a tu tipo específico.

Reflexiona sobre cómo estas características se manifiestan en tu vida cotidiana, y en cómo podrías utilizar esta información para impulsar tu crecimiento personal.

A medida que profundices la comprensión de los diferentes tipos y cómo se relacionan contigo, estarás más preparado para enfrentar los desafíos de la vida, mejorar tus relaciones e incrementar tu propio autoconocimiento.

Historia y origen del Eneagrama

El Eneagrama ha sido utilizado durante siglos para comprender las diferentes dimensiones de la naturaleza humana, tiene su origen en antiguas tradiciones espirituales y filosóficas, se cree que su origen se remonta a más de 4.000 años, en las enseñanzas místicas del Oriente Medio y las antiguas tradiciones esotéricas.

Fue en la década de 1960 cuando el Eneagrama comenzó a ganar popularidad en Occidente, gracias a figuras como Oscar Ichazo y Claudio Naranjo.

Ichazo, un místico boliviano, introdujo el concepto de los nueve tipos de personalidad y estableció las bases para su estudio y comprensión.

Luego, Naranjo, un psiquiatra y psicólogo chileno, fusionó las enseñanzas de Ichazo con la psicología moderna, dando a este sistema, una perspectiva más contemporánea.

A través de sus 9 nueve tipos de personalidad distintos, el Eneagrama nos brinda una hoja de ruta para explorar nuestras motivaciones internas, nuestros miedos y nuestras fortalezas.

Cada tipo tiene sus fortalezas y desafíos únicos, y al explorarlos, podemos conocernos con mayor profundidad y descubrir áreas de crecimiento personal.

Para comprender mejor estos tipos de personalidad, es útil observar ejemplos de la vida diaria, en los cuales se describa el comportamiento en una situación dada.

Te invito a leer las siguientes frases y, al terminar la lectura del libro, regresar e identificar cuál tipo de personalidad consideras que se corresponde con cada una de ellas (puedes anotar el número de cada tipo al lado de cada oración):

( ) Este tipo de personalidad tiene una profunda sensibilidad y creatividad, busca expresarse de manera única a través del arte o la autenticidad personal.

( ) Este tipo de personalidad se puede obsesionar con los más mínimos detalles de su trabajo, para asegurarse de que todo esté impecable antes de presentarlo a otros.

( ) Este tipo de personalidad tiene una habilidad innata para promover la armonía y evitar conflictos, buscando la paz y la estabilidad en sus relaciones.

( ) Este tipo de personalidad dedica mucho tiempo y energía para cuidar de los demás, incluso sacrificando sus propias necesidades en el proceso.

( ) Este tipo de personalidad puede pasar horas inmersa en la investigación y el estudio de temas de su interés, buscando conocimiento y comprensión profunda.

( ) Este tipo de personalidad se esfuerza constantemente por lograr el éxito en su carrera, poniendo énfasis en su imagen y logros externos.

( ) Este tipo de personalidad tiene una marcada necesidad de seguridad, busca la aprobación y orientación de otros en la toma de decisiones.

( ) Este tipo de personalidad constantemente busca nuevas experiencias y emociones, impidiendo el aburrimiento y la rutina.

( ) Este tipo de personalidad asume el liderazgo y la autoridad en diferentes situaciones, defendiendo a los más débiles y luchando por la justicia.

El Eneagrama es una herramienta poderosa para descubrir nuestra esencia y comprender mejor a los demás. No busca encasillarnos o limitarnos en una categoría, nos guía para comprender nuestras tendencias y motivaciones, reconocer patrones negativos, y romper limitaciones autoimpuestas para así, alcanzar nuestro máximo potencial.

A medida que profundizamos en la comprensión de los 9 tipos de personalidad, desbloqueamos el potencial para cultivar relaciones más auténticas, nutrir nuestro crecimiento espiritual y vivir una vida más plena y significativa.

Los 9 tipos de personalidad del Eneagrama

Cuando exploramos nuestras tendencias y patrones, el Eneagrama es una valiosa guía para descubrir nuestro verdadero ser y comprender las complejidades de nuestra personalidad, con él, podemos trabajar en nuestro crecimiento personal y desarrollar relaciones más saludables y significativas.

Según el Eneagrama, cada individuo se enmarca en uno de los nueve tipos de personalidad, los cuales describen cómo percibimos y nos relacionamos con el mundo, así como sus fortalezas y desafíos únicos.

Estos son los 9 tipos de personalidad del Eneagrama:

- Tipo uno: El Perfeccionista
- Tipo dos: El Ayudador
- Tipo tres: El Triunfador
- Tipo cuatro: El Individualista
- Tipo cinco: El Observador
- Tipo seis: El Leal
- Tipo siete: El Entusiasta
- Tipo ocho: El Desafiante
- Tipo nueve: El Pacificador

En la siguiente sección las describiré brevemente y, posteriormente, dedicaré un capítulo completo a cada una de ellas, con valiosa información que de seguro te será muy útil.

Durante la lectura, te recomiendo practicar el siguiente ejercicio:

- Observa cómo los diferentes tipos interactúan en tu entorno, ya sea en tu familia, amigos, compañeros de trabajo o cualquier otra relación significativa.

- Intenta comprender sus perspectivas y motivaciones, lo que puede ayudar a fomentar una comunicación más efectiva y una mayor armonía en sus interacciones.
- No te limites a una única interpretación de tu tipo de personalidad, explora tus áreas grises, descubre nuevas facetas de ti mismo y usa esta información como un punto de partida para tu crecimiento personal
- Trabaja en los aspectos que deseas mejorar y cultiva las fortalezas que te definen.

A través de este viaje de autoexploración, podemos desbloquear nuestro potencial, superar obstáculos y alcanzar una mayor armonía y autenticidad en nuestras vidas.

Características de los 9 tipos de personalidad

Tal como te comenté anteriormente, cada tipo de personalidad tiene características únicas que influyen en la forma en que percibimos el mundo, nos relacionamos con los demás y enfrentamos los desafíos de la vida.

A continuación te presento los 9 tipos de personalidad según el Eneagrama:

Tipo uno: El Perfeccionista

Las personas del tipo 1 son diligentes, disciplinadas y se esfuerzan por hacer las cosas correctamente, están orientadas hacia la mejora y se caracterizan por su fuerte sentido del deber y su búsqueda de la perfección.

Por otra parte, pueden llegar a ser autoexigentes en exceso, son muy críticos consigo mismos y también con los demás.

Una persona del tipo 1 puede tener un estándar muy alto para su trabajo y esforzarse por corregir cada pequeño detalle en busca de la perfección, también puede sentirse incómoda si percibe que hay desorden o falta de organización en su entorno, y se esforzará por establecer un orden para mantener la armonía.

Tipo dos: El Ayudador

Las personas del tipo 2 son generosas, atentas, serviciales y orientadas hacia los demás, son empáticas y constantemente están buscando maneras de brindar apoyo y amor a quienes los rodean. Tienen una gran necesidad de ser necesitadas y amadas, a menudo se dedican a ayudar y cuidar a los demás.

Por otra parte, pueden tener dificultades para establecer límites y priorizar sus propias necesidades, se puede decir que descuidan sus propias necesidades en favor de satisfacer las de los demás.

Una persona del tipo 2 puede sentirse feliz y realizada al ayudar a un amigo en un momento de necesidad, incluso si eso implica descuidar su propio bienestar.

Tipo tres: El Triunfador

Las personas del tipo 3 son ambiciosas, orientadas al éxito y altamente motivadas, buscan la aprobación y el reconocimiento de los demás, y tienden a medir su valía en función de sus logros y apariencia externa. Son altamente competitivos y se esfuerzan por destacar en todo lo que hacen.

Por otra parte, pueden tener dificultades para conectarse con sus emociones más profundas y poner demasiada atención en la imagen y en la apariencia externa.

Una persona del tipo 3 puede dedicar mucho tiempo y energía a construir una imagen de éxito en su vida profesional, pero puede descuidar otras áreas importantes, como las relaciones personales, su propia salud, o luchar por encontrar tiempo para actividades de relajación y disfrute personal.

Tipo cuatro: El Individualista

Las personas del tipo 4 son creativas, sensibles, valoran la autenticidad, tienden a ser emocionalmente profundas, también buscan una identidad especial, única y significativa, así como la conexión emocional en sus relaciones.

Por otra parte, a menudo experimentan emociones intensas, altibajos emocionales y pueden tener tendencia a la melancolía.

Una persona del tipo 4 puede dedicar tiempo a explorar su creatividad a través del arte, la música o la escritura, para expresar su singularidad interior, puede encontrar belleza y significado en una obra de arte, una melodía o un momento emocionalmente intenso, pero también puede sentirse incomprendido o excluido por su alta sensibilidad emocional.

Tipo cinco: El Observador

Las personas del tipo 5 son reflexivas, observadoras, curiosas, independientes, tienen una sed insaciable de conocimiento, son introvertidas, prefieren la soledad para explorar y reflexionar sobre el mundo que les rodea. Tienen una mente analítica y les gusta la investigación y el aprendizaje.

Por otra parte, pueden tener dificultades para compartir sus conocimientos y emociones con las otras personas.

Una persona del tipo 5 puede sentirse cómoda y satisfecha al sumergirse en un libro o investigar en profundidad sobre un tema de interés, pero puede encontrar desafíos en expresar sus pensamientos y emociones en situaciones sociales.

Tipo seis: El Leal

Las personas del tipo 6 son leales, responsables y preocupadas por la seguridad, buscan la certeza y la estabilidad en su vida, además, tienden a anticipar posibles peligros.

Por otra parte, pueden experimentar ansiedad y dudas, por lo que buscan la protección y el apoyo de los demás.

Un individuo del tipo 6 puede tener un enfoque cauteloso hacia las decisiones importantes, evaluando cuidadosamente los riesgos y buscando la opinión de los demás.

Tipo siete: El Entusiasta

Las personas del tipo 7 son optimistas, aventureras, les gusta explorar diferentes opciones, constantemente buscan nuevas experiencias y emociones positivas para evitar el aburrimiento o la rutina.

Por otra parte, pueden tener dificultades para enfrentar emociones negativas y buscar distracciones para evitar el dolor o el malestar.

Una persona del tipo 7 puede sentirse emocionada y entusiasmada por planificar un viaje o una nueva actividad, pero puede tener dificultades para enfrentar dificultades difíciles o aburridas.

Tipo ocho: El Desafiante

Las personas del tipo 8 son fuertes, directas, tienen una gran necesidad de control y autonomía, son líderes naturales, defienden sus creencias y valores con determinación.

Por otra parte, pueden tener dificultades para mostrar vulnerabilidad y confiar en los demás.

Una persona del tipo 8 puede asumir roles de liderazgo y tomar decisiones audaces con confianza, pero también puede experimentar desafíos en la apertura emocional y en la delegación de responsabilidades.

Tipo nueve: El Pacificador

Las personas del tipo 9 son pacíficas, conciliadoras, buscan la armonía y tranquilidad en sus relaciones, tienden a evitar el conflicto y pueden sacrificar sus propias necesidades para mantener la paz.

Por otra parte, pueden tener dificultades para expresar sus opiniones y afirmar su individualidad.

Un individuo del tipo 9 puede sentirse cómodo y feliz al estar en un entorno pacífico y armonioso, pero puede tener dificultades para defender sus propias necesidades y deseos en una situación de conflicto.

Ejercicios para identificar tipos de personalidad

Identificar tu tipo de personalidad es esencial para el autodescubrimiento y el crecimiento personal. Cuando comprendes tus patrones de comportamiento y la forma en la que te relacionas con el mundo, puedes aprovechar tus fortalezas y trabajar en las áreas que necesitan desarrollo.

También te permite comprender tus reacciones emocionales, tus desafíos recurrentes y las formas en las que puedes mejorar tus relaciones con los demás.

Para este efecto, te propongo realizar tres ejercicios, estos te permitirán profundizar en tu autoconocimiento y comprender mejor tus patrones de pensamiento, comportamiento y motivaciones subyacentes.

Comencemos con el primero de los tres ejercicios:

Ejercicio 1: El cuestionario del Eneagrama

Este breve cuestionario está diseñado para identificar tu posible tipo de personalidad según el sistema del Eneagrama.

Consiste en 10 breves enunciados que vas a calificar en una escala del 0 al 5, según lo que mejor represente tu comportamiento, motivaciones o preferencias, no te preocupes, no hay respuestas correctas o incorrectas.

El objetivo es obtener una visión más clara de tus tendencias y preferencias en diferentes aspectos de tu vida, al responder honestamente, podrás obtener una visión más clara de tu tipo de personalidad dominante.

Instrucciones:

- Lee cuidadosamente cada oración del cuestionario
- Selecciona la opción que mejor te represente
- Califica tu respuesta asignando el puntaje que consideres más ajustado, según esta escala:

    0 - No se aplica o no estoy seguro
    1 - No me identifico
    2 - No me identifico en gran medida
    3 - Medianamente me identifico
    4 - Me identifico en gran medida
    5 - Me identifico totalmente

- Al final suma tus puntajes y podrás determinar qué tipo de personalidad del Eneagrama es más probable que tengas

Cuestionario:

1. Me gusta estar en el centro de atención y ser elogiado
2. Prefiero estar a solas que socializar en grandes grupos
3. Me esfuerzo por mantener la paz y evitar conflictos

4. Tiendo a analizar y reflexionar mucho sobre las cosas
5. Me es fácil conectar emocionalmente con los demás
6. Me gusta tener una rutina y estructura en mi vida
7. Siempre busco nuevas experiencias y aventuras
8. Valoro la independencia y la autonomía personal
9. Soy muy atento a los detalles y perfeccionista
10. Me preocupa el bienestar y necesidades de los demás

Resultados:

Busca tu tipo de personalidad según el puntaje total que obtuviste:

tipo uno: Puntaje total entre 20 y 30

tipo dos: Puntaje total entre 31 y 40

tipo tres: Puntaje total entre 41 y 50

tipo cuatro: Puntaje total entre 51 y 60

tipo cinco: Puntaje total entre 61 y 70

tipo seis: Puntaje total entre 71 y 80

tipo siete: Puntaje total entre 81 y 90

tipo ocho: Puntaje total entre 91 y 100

tipo nueve: Puntaje total entre 101 y 110

Este cuestionario es solo una guía inicial para explorar tu tipo de personalidad en el sistema del Eneagrama, este es un sistema complejo que requiere un análisis más profundo y una mayor comprensión para identificar con precisión tu tipo de personalidad.

El Eneagrama no define quién eres, solo brinda una mayor comprensión de tus patrones de comportamiento, ofrece la oportunidad de crecer y desarrollarnos.

Para obtener una comprensión más precisa y profunda, te recomiendo leer más sobre cada uno de los tipos de personalidad y sus características principales, así como buscar el asesoramiento de profesionales capacitados en el Eneagrama.

El Eneagrama reconoce que cada individuo es único y puede tener rasgos y características de varios tipos. Toma esta información como una guía para conocerte mejor y para comprender cómo tus patrones de pensamiento, tus emociones y tu comportamiento, potencialmente pueden influir en tu vida y relaciones.

Ejercicio 2: Reflexión y autoobservación

Además del cuestionario, te invito a reflexionar sobre tu vida cotidiana y llevar a cabo un proceso de autoobservación.

Tómate un tiempo para analizar tus reacciones, emociones y comportamientos en diversas situaciones, observa cómo te relacionas con los demás, cómo manejas el estrés y cómo te enfrentas a los desafíos.

Puedes llevar un diario personal donde registres tus observaciones y reflexiones, por ejemplo, podrías anotar cómo te sientes y cómo reaccionas cuando estás bajo presión en el trabajo, en una discusión familiar o en un proyecto creativo.

Estas observaciones te desarrollarán pistas valiosas sobre tu tipo de personalidad predominante.

Ejercicio 3: Búsqueda de patrones y tendencias

Otro enfoque útil para identificar tu tipo de personalidad es buscar patrones y tendencias en tu vida. Observa si hay comportamientos recurrentes, características distintivas o temas comunes en tus experiencias.

Pregúntate a ti mismo: ¿Hay situaciones en las que tiendo a destacar o sentirme más cómodo? ¿Qué aspectos de mi personalidad son consistentes a lo largo del tiempo y en diferentes contextos?

Por ejemplo, si notas que tiendes a ser perfeccionista en todas las áreas de tu vida, es posible que tu tipo de personalidad esté relacionado con el perfeccionismo y el deseo de hacer las cosas de manera impecable. Si encuentras que disfrutas de la planificación y la organización en todos tus proyectos, es probable que tu tipo de personalidad esté asociado con la estructura y la eficiencia.

Recuerda que estos ejercicios y reflexiones solo son herramientas para ayudarte en el proceso de identificar tu tipo de personalidad. El objetivo no es encasillarte en una categoría, sino comprender las características principales de tu tipo de personalidad y utilizar ese conocimiento como una herramienta para tu crecimiento personal.

Al identificar tu tipo de personalidad, podrás desarrollar una mayor comprensión y empatía hacia ti mismo, así como mejorar tus relaciones interpersonales y tu autenticidad en el mundo.

CAPÍTULO 3

Personalidad tipo 1: El Perfeccionista

En el desarrollo de este capítulo, vamos a descubrir y analizar la personalidad tipo uno del Eneagrama, juntos descubriremos las diferentes facetas de "El Perfeccionista", sus principales características, motivaciones, influencia, qué aspectos deben mejorar y cómo lo pueden hacer.

Para comenzar, te adelanto que los tipo uno tienden a ser altamente autoexigentes, suelen tener estándares muy altos para sí mismos y para los demás, constantemente buscan la perfección en cada área de sus vidas.

Sin embargo, ser excesivamente críticos consigo mismo y con los demás, puede llevar al Perfeccionista a sentirse insatisfecho consigo mismo.

Para mejorar esta condición, los Perfeccionistas podrían trabajar en la autocompasión, esta puede ser una poderosa herramienta para los tipo uno, ya que les permite equilibrar la permanente búsqueda de la perfección, con la aceptación propia y el amor hacia sí mismos.

Cuando los tipo uno aprenden a tratarse con amabilidad y comprensión, se liberan de la auto-recriminación y disfrutan una mayor paz interior.

La personalidad del tipo uno

La personalidad tipo uno se caracteriza por tener un fuerte sentido del deber y ser altamente autoexigente, sus estándares de acción son altos tanto para sí mismos como para los demás.

Buscan mejorar constantemente por lo que siempre están dispuestos a corregir las imperfecciones que perciban. Por su constante búsqueda de perfección tienden a ser críticos con otras personas y excesivamente autocríticas consigo mismos.

Tiene sólidos principios, ética y valores, así como una fuerte conexión con el sentido de lo que es correcto. Son responsables y confiables, cumplen con sus compromisos y responsabilidades.

Son personas detallistas y meticulosas, tienen la capacidad de percibir errores rápidamente y una fuerte necesidad para corregirlos. También son disciplinados y organizados, por lo que prefieren estructurar su tiempo y entorno de forma rigurosa, antes que actuar sin un plan.

Pueden ser vistos como controladores debido a su deseo de mantener el orden y la excelencia en todas las áreas de su vida.

Están motivados por un fuerte deseo de mejorar y hacer las cosas correctamente, aspiran a la perfección en todas las áreas de su vida, por lo que constantemente están buscando la excelencia y la calidad en todo lo que hacen.

Al Perfeccionista también lo motiva mejorar todo, tanto a nivel personal como a su entorno. Desean ser la mejor versión de sí mismos, por lo que se esfuerzan por alcanzar un alto nivel de competencia y logro en sus actividades.

El hacer las cosas correctamente es una de sus mayores motivaciones. Buscan la precisión, la exactitud y la consistencia en sus acciones, siempre con la meta de cumplir con los estándares más elevados.

La perfección es una meta constante para los perfeccionistas, aunque es difícil de alcanzar, su motivación proviene de creer firmemente que, al perseguir la perfección, pueden lograr un nivel excepcional de calidad y excelencia en todas las áreas de su vida.

La personalidad tipo uno se caracteriza por buscar la justicia y la equidad en todas las áreas de la vida. Estas personas se esfuerzan por vivir de acuerdo con sus principios y valores, y esperan lo mismo de los demás. Cuando las cosas no cumplen sus expectativas, pueden experimentar frustración y buscar maneras de corregir la situación.

Los tipo uno sienten la necesidad de tener el control sobre las situaciones para asegurarse de que se realicen correctamente. Son meticulosos en los detalles y se esfuerzan por hacer las cosas de manera correcta, siguiendo un plan preciso.

Sienten la responsabilidad de corregir los errores y contribuir al bienestar de los demás, ya que su sentido del deber y su ética de trabajo los impulsan a buscar el perfeccionismo y la excelencia en todo lo que hacen.

Con respecto al impacto de su personalidad en sus diferentes aspectos de la vida, los Perfeccionistas pueden ser muy detallistas y trabajar con precisión en el ámbito laboral. Son muy buenos en los roles que requieren de atención minuciosa y el seguimiento de normas.

En sus relaciones interpersonales, pueden ser críticas y tener altas expectativas, por lo que suelen ser percibidos como rígidos o inflexibles, lo que puede generar tensiones en las relaciones cercanas.

En cuanto al autocuidado, los tipo uno pueden ser muy disciplinados y conscientes de su bienestar. Pueden tener rutinas estructuradas de ejercicio y alimentación saludable.

Interacción con el mundo y relaciones

Los altos estándares que suelen tener Los Perfeccionistas consigo mismos y con los demás, influyen en sus relaciones y en su interacción con el mundo que los rodea.

Analicemos la influencia del perfeccionismo en sus relaciones interpersonales, su sentido de responsabilidad social y su capacidad para adaptarse a diferentes situaciones.

Relaciones interpersonales

Los tipo uno buscan la excelencia en todo lo que hacen, incluyendo sus relaciones personales. Al ser tan críticos consigo mismos y con los demás, probablemente puede generar tensiones y conflictos.

Por ejemplo, cuando un Perfeccionista es inflexible y no acepta los errores de su pareja, puede ocasionar una relación rígida.

Para los uno es recomendable aprender a ser más compasivos y tolerantes, flexibilizar su búsqueda de perfección y comprender que todos nos podemos equivocar.

Sentido de la responsabilidad social

Los Perfeccionistas tienen un fuerte sentido del deber y de lo que es correcto, es posible que se puedan sentir responsables de corregir las injusticias y mejorar su entorno.

Esto se puede manifestar cuando participa en organizaciones sociales, al defender las causas justas y con su compromiso de cumplir normas y reglas.

Sin embargo, también es importante que aprendan a equilibrar su sentido de responsabilidad con la aceptación de que no pueden cambiar o controlar todo.

Capacidad de adaptabilidad

Los Perfeccionistas pueden tener dificultades para adaptarse a los cambios y a situaciones imprevistas, se incomodan ante la incertidumbre.

Pueden experimentar ansiedad ante un cambio repentino en su rutina diaria o frente a un proyecto que no se desarrolla según el plan.

Es importante que aprendan a ser más flexibles, a aceptar que el mundo es imperfecto y que las cosas no siempre salen como se espera, así como a equilibrar su deseo de perfección con la aceptación de las imperfecciones y practiquen la compasión hacia sí mismos y hacia los demás.

Superando la necesidad de perfección

La necesidad de perfección puede impactar de forma negativa algunos aspectos de la vida del Perfeccionista. Si bien buscar la excelencia es una cualidad valiosa, esto es un obstáculo si se transforma en una exigencia constante que genera una permanente insatisfacción.

Los uno pueden experimentar altos niveles de estrés y ansiedad cuando se imponen estándares inalcanzables, o cuando se critican duramente por cualquier falla o error, esto es emocional y físicamente agotador, y desmejora su bienestar general.

Superar la necesidad de perfección, requiere de la aceptación propia y de las circunstancias. Es importante que los tipo uno reconozcan que la perfección absoluta no existe y que los errores son parte de la experiencia humana.

Para mejorar este aspecto, pueden ser más comprensivos y amables hacia sí mismos cuando cometan errores o enfrenten desafíos. Por ejemplo, pueden recordar que cometer errores es una oportunidad de aprendizaje y crecimiento, en lugar de verlo como un fracaso personal.

Los Perfeccionistas suelen establecer metas inalcanzables y exigentes, en este caso es importante que aprendan a establecer metas realistas y flexibles, considerando sus propias capacidades y limitaciones.

En este caso pueden intentar dividir grandes metas en tareas más pequeñas, y celebrar los logros con cada paso dado, en lugar hacerlo al alcanzar la perfección total. Esto les va a permitir experimentar satisfacción y mayor motivación para seguir adelante sin sentir frustración.

El autocuidado es esencial para que el Perfeccionista gestione su necesidad de perfección, un buen inicio es dedicar tiempo a las actividades relajantes y placenteras, como practicar ejercicio, leer, hobbies, o disfrutar de la naturaleza, estas actividades les ayudarán a equilibrar su enfoque en el logro y a nutrir su bienestar emocional y físico.

Superar la necesidad de perfección es un proceso gradual, donde el objetivo final es desarrollar una mentalidad más compasiva y flexible, aceptando las fortalezas y limitaciones, tanto propias como de otros.

Superar la necesidad de perfección es un paso importante hacia la autocompasión y el bienestar emocional. A través de la aceptación, el establecimiento de metas realistas y el autocuidado, los tipo uno pueden liberarse del perfeccionismo y así, avanzar en su proceso de crecimiento personal, disfrutar de relaciones más saludables y de una vida más plena y satisfactoria.

Cultivando la autocompasión

Los Perfeccionistas tienden a ser autoexigentes y críticos consigo mismos, su constante búsqueda de la excelencia les puede generar una abrumadora presión y un constante sentimiento de insatisfacción.

Para ellos es fundamental la autocompasión, aceptarse a sí mismos con bondad, compasión, reconociendo su humanidad, permitiendo errores y fallas sin juzgarse de forma implacable, y así, desarrollar una personalidad saludable, más equilibrada y avanzar hacia su crecimiento personal.

Una forma efectiva de cultivar la autocompasión es practicar la atención plena o *mindfulness*, ser consciente y vivir en el momento presente sin juzgar.

Los Perfeccionistas se pueden beneficiar aplicando la atención plena a sus pensamientos críticos y autocríticos, observándolos sin identificarse con ellos, reemplazándolos con pensamientos más compasivos y amables. Por ejemplo, en lugar de decirse "Siempre hago todo mal", lo pueden cambiar por "Soy humano, cometo errores y eso está bien".

Tratarse con amabilidad y cuidado implica priorizar el autocuidado y la autorreflexión sin juzgarse de manera negativa. Establecer límites saludables es otro aspecto esencial, aprender a decir "no" cuando sea necesario, va a evitar la sobrecarga y el agotamiento.

La autocompasión nos permite crecer desde el amor propio y aceptar nuestro ser, en lugar de ser autoexigentes y críticos despiadados. Esto no significa conformarse con la mediocridad, al contrario, implica reconocer nuestras limitaciones y defectos, así como nuestro valor intrínseco como seres humanos.

Cultivar la autocompasión requiere de práctica y paciencia, puede ser un proceso desafiante para quienes se han acostumbrado a ser críticos consigo mismos. Sin embargo, los beneficios son enormes, permite ser más compasivos y comprensivos, fortalece la resiliencia emocional y mejora la calidad de vida en general.

Para cultivar la autocompasión, podemos realizar algunos ejercicios prácticos, estos nos van a ayudar a desarrollar una relación más saludable con nosotros mismos y a superar la necesidad de perfección:

Practica la autorreflexión: Reflexiona sobre tus pensamientos autocríticos y cómo surgen. Observa cuándo te juzgas duramente y desafía esos pensamientos, pregúntate si realmente te benefician o si puedes adoptar una perspectiva más compasiva.

Escribe una carta de autocompasión: Escribe una carta en la que te dirijas con amabilidad y compasión a ti mismo. Reconoce tus esfuerzos, acepta tus imperfecciones y bríndate palabras de aliento y apoyo.

Practica el cuidado personal: Haz una lista de actividades que te den placer y relajación, y comprométete a realizar al menos una de ellas cada día. Puede ser leer un libro, disfrutar de un baño relajante, pasear al aire libre o tomar un momento para respirar profundamente y relajarte.

Acepta los errores como oportunidades de crecimiento: En lugar de castigarte por fallar, enfrenta la situación como una oportunidad de aprendizaje. Reconoce que todos podemos cometer errores, forma parte de nuestro proceso de crecimiento. Permítete aprender de ellos y sigue adelante.

La autocompasión es un viaje personal y único para cada individuo. No hay una fórmula mágica, pero con práctica y paciencia, puedes desarrollar mayor amor propio y aceptación hacia ti mismo.

Valoración: Al practicar la autocompasión, los Perfeccionistas pueden tener mayor paz interna, disfrutar su valía intrínseca, vivir con mayor alegría y autenticidad, tener una relación saludable consigo mismos y mejorar sus relaciones interpersonales con comprensión y empatía.

CAPÍTULO 4

Personalidad tipo 2: El Ayudador

"El Ayudador" o individuos con personalidad tipo dos del Eneagrama, tienen un fuerte deseo de ser amados y apreciados, además, tienden a involucrarse activamente en la vida de los demás, ofreciendo su ayuda y apoyo de manera generosa.

Son personas atentas, empáticas y serviciales, disfrutan ser útiles y se esfuerzan por crear conexiones emocionales profundas con los demás.

Se enfocan principalmente en las necesidades de los demás, y pueden sentirse incómodos si reciben ayuda o atención para sí mismos.

En su afán por satisfacer las necesidades de los demás, pueden descuidar sus propias necesidades y establecer límites poco saludables, lo que los lleva a sentirse sobrecargados, resentidos, así como al agotamiento físico y emocional.

La personalidad del tipo dos

Los tipo dos son de naturaleza altruista, generosos, empáticos y siempre están dispuestos a ayudar a otras personas, son reconocidos por su capacidad para brindar apoyo emocional.

Son personas extremadamente perceptivas, muy sintonizadas con las necesidades emocionales de los demás y se sienten realizadas cuando hacen la diferencia en la vida de alguien más.

Tienden a establecer relaciones cálidas y cercanas, disfrutan de la conexión emocional profunda. Son excelentes oyentes, por su generosidad y disposición de ayuda, a menudo los convierten en personas muy queridas y apreciadas en su entorno social.

Los Ayudadores tienen una personalidad compasiva. Es común verlos dando apoyo a un amigo en momentos difíciles, ofreciendo su tiempo y energía para ayudar a un ser querido o dedicando su tiempo libre para trabajar como voluntario en una organización benéfica.

Una de sus principales motivaciones es el deseo de ganarse el afecto y la atención de los demás para sentirse amados y valorados.

Sin embargo, pueden caer en el patrón de dar en exceso y descuidar sus propias necesidades en el proceso, por lo que es importante que equilibren su deseo de ayudar a los demás con el cuidado de sí mismos

A veces pueden enfrentar desafíos para establecer límites saludables, pueden tener dificultades para decir "no" o para recibir ayuda ellos mismos, dado que su autoestima a menudo está vinculada a la atención y el aprecio de los demás.

También pueden sentirse culpables si no están disponibles de forma permanente para ayudar, y se pueden resentir si sienten que su colaboración no es reconocida o es poco valorada.

Es importante que los Ayudadores reflexionen sobre su motivación para ayudar. ¿Lo hacen para obtener reconocimiento y aprobación externa o porque realmente desean ayudar genuinamente a los demás?

Tomarse el tiempo para explorar sus motivaciones les permitirá comprender mejor su patrón de comportamiento y hacer los ajustes para avanzar en su proceso de crecimiento personal.

A medida que los Ayudadores toman consciencia de su tendencia a sacrificar sus necesidades, pueden comenzar a establecer límites sanos que les permitan cuidar de sí mismos, mientras siguen brindando apoyo a los demás.

Con la autocompasión y el amor incondicional a sí mismos, los tipo dos pueden evitar el agotamiento y construir relaciones más equilibradas y satisfactorias.

A medida que desarrollen mayor conciencia de sí mismos y de sus necesidades, podrán comunicarse de manera más efectiva, expresando claramente sus necesidades y deseos de forma asertiva, sin sentirse culpables por cuidar de sí mismos.

Esto también les brindará la oportunidad de recibir apoyo y ayuda cuando lo necesiten, algo fundamental para mantener su equilibrio emocional y establecer relaciones más auténticas, significativas y satisfactorias.

Fortalezas y debilidades en las relaciones

El deseo innato de apoyar a los demás, puede tener un impacto significativo en las relaciones personales de Los Ayudadores, lo que también significa enfrentar desafíos.

Descubramos cómo las características de los tipo dos pueden influir en la dinámica de las relaciones, cómo podrían aprovechar sus fortalezas y abordar sus debilidades para tener relaciones más saludables y equilibradas.

Algunas de las valiosas fortalezas de Los Ayudadores para relacionarse con otras personas incluyen:

Generosidad y empatía: Son altamente empáticos y tienen una capacidad natural para comprender las necesidades y emociones de los demás. Esta habilidad les permite brindar un apoyo genuino y estar presentes para sus seres queridos en momentos de dificultad.

Cuidado y atención: Se preocupan profundamente por el bienestar de los demás y están dispuestos a hacer sacrificios para asegurarse de que estén cómodos y felices. Su capacidad para prestar atención a los detalles y ofrecer ayuda práctica es apreciada por aquellos que los rodean.

Conexión emocional: Valoran las relaciones íntimas y están dispuestos a abrirse emocionalmente. Su habilidad para establecer vínculos profundos y sinceros crea un ambiente de confianza y cercanía en las relaciones.

Habilidad para resolver conflictos: Son excelentes mediadores y buscan la armonía en las relaciones. Tienen una habilidad innata para identificar las necesidades de ambas partes y encontrar soluciones que beneficien a todos.

Si bien los Ayudadores tienen muchas fortalezas en las relaciones, también enfrentan algunas debilidades y desafíos:

Sacrificio excesivo de las propias necesidades: Tienden a poner las necesidades de los demás por encima de las suyas propias, a menudo descuidando su propio cuidado. Esto los puede llevar al agotamiento emocional y físico, así como a la dependencia emocional a la validación y a la aprobación externa.

Sentimiento de ser indispensable: Pueden tener una necesidad intensa de ser necesitados por los demás, lo que puede llevarlos a comprometerse en exceso y a tener dificultades para establecer límites saludables en las relaciones. Esto les puede generar resentimiento y agotamiento a largo plazo.

Búsqueda de validación externa: Pueden depender de la aprobación y el reconocimiento de los demás. Su sentido de valor propio puede estar vinculado a cuánto pueden ayudar a los demás, lo que puede resultar en una falta de autoestima y dificultad para establecer límites personales.

Dificultad para recibir ayuda: A pesar de su naturaleza de ayuda, los Ayudadores pueden tener dificultades para aceptar la ayuda que le ofrecen los demás. Pueden sentirse incómodos al ser receptores y resistirse a mostrar vulnerabilidad. Esto crea desequilibrios en sus relaciones, ya que pueden dar mucho, pero les resulta muy difícil recibir.

Algunas acciones que pueden ayudar a los Ayudadores para superar sus debilidades y cultivar relaciones saludables son:

Autoconocimiento y autocuidado: Los Ayudadores pueden beneficiarse al desarrollar una mayor conciencia de sus propias necesidades y priorizar el autocuidado. Aprender a establecer límites saludables y dedicar tiempo a satisfacer sus propias necesidades les ayudará a evitar el agotamiento y a mantener un equilibrio en sus relaciones.

Comunicación abierta y honesta: Es fundamental para los Ayudadores aprender a comunicar sus propias necesidades y deseos en las relaciones. Expresar sus sentimientos y expectativas de manera clara y respetuosa les ayudará a establecer una comunicación abierta y evitar resentimientos acumulados.

Cultivar la autocompasión: La autocompasión les permite a Los Ayudadores reconocer sus propias necesidades y buscar su bienestar sin sentirse culpables. Pueden ser más autocompasivos al establecer límites saludables, reconocer y satisfacer sus propias necesidades.

Aprender a recibir ayuda: Reconocer la importancia de recibir apoyo de los demás es esencial para Los Ayudadores. Aprender a aceptar la ayuda de manera abierta y agradecida, fortalecerá sus relaciones y les recordará que también merecen ser cuidados y apoyados.

Estableciendo límites saludables

Los Ayudadores son personas generosas y empáticas que tienen un fuerte impulso de cuidar y apoyar a los demás. Sin embargo, pueden enfrentar dificultades para establecer límites claros y equilibrar sus propias necesidades.

Los tipo dos suelen tener dificultades para decir "no" y establecer límites claros porque temen herir o decepcionar a los demás. Sin embargo, es importante comprender que establecer límites saludables, es una forma de cuidado propio y contribuye a relaciones más equilibradas y auténticas.

Los límites ayudan a mantener la autonomía personal, a prevenir el agotamiento y a fomentar relaciones basadas en el respeto mutuo.

Es necesario que Los Ayudadores estén atentos a las señales de que sus límites son difusos o que están siendo violados. Esto se puede manifestar al sentirse agotados, resentidos o sobrepasados por las demandas de los demás.

Reconocer estas señales les permitirá tomar acciones para establecer límites saludables y proteger su bienestar, tanto físico como emocional.

Decir "no" puede resultar desafiante para ellos, ya que su naturaleza compasiva les impulsa a decir "sí" incluso cuando no desean hacerlo.

Aprender técnicas de comunicación asertiva y expresar límites de forma clara y respetuosa, les ayudará a establecer límites sin sentir culpa ni afectar negativamente sus relaciones. Para esto pueden practicar frases como: "Aprecio tu confianza en mí, pero en este momento no puedo comprometerme a ayudarte".

Establecer límites saludables implica reconocer y priorizar sus propias necesidades y bienestar. Esto puede incluir reservar tiempo para actividades que les brinden alegría y descanso, establecer rutinas de autocuidado y aprender a delegar tareas a otros.

También podrían buscar apoyo en amigos, familiares o profesionales de la salud mental. Al hablar de sus desafíos y emociones, pueden ganar claridad y obtener perspectivas externas que les ayuden a tomar decisiones más equilibradas y coherentes con sus necesidades.

Es importante tener en cuenta que, establecer límites saludables, no implica dejar de ayudar a los demás, sino más bien encontrar un equilibrio que permita cuidar de sí mismos al mismo tiempo. Al hacerlo, los Ayudadores podrán desempeñar su papel de apoyo de manera más sostenible y efectiva, a medida que sienten mayor confianza en sí mismos y mejoran en su bienestar.

Aprender a establecer límites es un proceso continuo y gradual, pero con tiempo y práctica, tendrán relaciones más equilibradas y satisfactorias, tanto para ellos mismos como para los demás.

Equilibrando el dar y recibir

Como personas generosas y orientadas hacia los demás, a menudo los Ayudadores se sienten más cómodos dando y brindando apoyo, que recibiendo ayuda o atención para sí mismos. Sin embargo, para su bienestar y para mantener relaciones sanas, es necesario que aprendan a equilibrar adecuadamente entre el dar y el recibir.

Este equilibrio implica reconocer la importancia del autocuidado. Los Ayudadores deben comprender que cuidarse a sí mismos no es ser egoísta, sino una parte esencial para mantener su bienestar y su capacidad para ayudar a los demás.

Esto implica dedicar parte de su tiempo para descansar, nutrirse tanto emocional como físicamente, y establecer límites saludables en las relaciones.

Establecer límites les permitirá conservar su energía y recursos para situaciones en las que pueden ser más efectivos y garantizar que su ayuda sea genuina y no un patrón negativo.

Los Ayudadores pueden practicar el arte de recibir la ayuda y el apoyo de los demás. Aprender a recibir implica ser humildes, vulnerables y estar dispuesto a dejar que otros se involucren en su vida. El permitir que otros les brinden apoyo no solo es una mejora para sí mismos, también fortalece sus relaciones.

También pueden reflexionar sobre sus relaciones y evaluar si existe un equilibrio saludable entre el dar y recibir. Pueden considerar si se sienten valorados, apoyados y escuchados en sus relaciones, así como si están dispuestos a pedir ayuda cuando la necesitan.

Identificar desequilibrios les brinda la oportunidad de establecer conversaciones abiertas y honestas con las personas importantes en su vida.

Equilibrar el dar y recibir es fundamental para el bienestar emocional y las relaciones saludables del tipo dos. Al desarrollar esta habilidad, descubren que la autocompasión y el cuidado personal son esenciales para su bienestar y su capacidad para ayudar a los demás de una manera sana y sostenible.

CAPÍTULO 5

Personalidad tipo 3: El Triunfador

Los tipo tres del Eneagrama se caracterizan por su enfoque en el éxito, la imagen y el logro. Son ambiciosos, orientados a metas y altamente motivados para alcanzar el reconocimiento y la admiración de los demás.

Los Triunfadores son personas altamente enfocadas en el éxito y en la realización de metas, siempre están orientados al logro y en la búsqueda de reconocimiento para validar su valía.

Tienen una gran habilidad para adaptarse a diferentes situaciones y roles, lo que les permite destacarse en diversas áreas de la vida, tales como el trabajo, los estudios o los deportes.

Los Triunfadores tienden a ser muy conscientes de su imagen y de cómo son percibidos por los demás. Por lo general se esfuerzan por proyectar una imagen de éxito y perfección en todo momento.

Su autoestima y sentido de valía están estrechamente vinculados a los logros externos y la aprobación de los demás. Pueden sentirse vacíos, o sin valor, si no alcanzan sus objetivos o no reciben un reconocimiento.

Pero, detrás de esta máscara de éxito, los Triunfadores a menudo experimentan una sensación de desconexión con su verdadero yo. Pueden haber sacrificado sus propios y auténticos deseos en aras de perseguir la aprobación externa y el reconocimiento.

La búsqueda constante de logros y la preocupación por la imagen pueden hacer que los Triunfadores se sientan atrapados en una rutina de actuación y de falta de autenticidad, e incluso, pueden llegar a perder de vista quiénes son en realidad y qué es lo que realmente desean en la vida.

La presión para mantener su fachada de éxito puede ser agotador para los Triunfadores, ya que se pueden sentir obligados a cumplir constantemente con las expectativas externas y a evitar mostrar su vulnerabilidad o un fracaso.

Practicar la vulnerabilidad y permitirse mostrar su verdadero yo, incluso con sus imperfecciones, les permitirá construir relaciones más genuinas y auténticas.

Los Triunfadores pueden desarrollar una mayor aceptación hacia sí mismos, aprender a valorarse y apreciarse por quienes son, más allá de sus logros, es fundamental para cultivar la autenticidad y la conexión interna.

Es importante que los Triunfadores se permitan conectar con sus verdaderos deseos, emociones y necesidades. Esto implica cuestionarse y reflexionar sobre lo que realmente les importa y les da alegría, más allá de las expectativas externas.

Los tipo tres pueden encontrar un mayor sentido de autenticidad al establecer metas que estén alineadas con sus valores personales, en lugar de perseguir únicamente el reconocimiento externo.

Hemos visto cómo los Triunfadores, a través de la autoexploración, aceptación y establecimiento de metas ajustadas a sus valores, así como el establecimiento de límites saludables, pueden liberarse de las expectativas externas y encontrar una mayor conexión interna y autenticidad en sus vidas.

Al hacerlo, van a experimentar una mayor satisfacción personal, relaciones más auténticas y un sentido más profundo de propósito en su camino hacia el crecimiento personal.

La personalidad del tipo tres

Los Triunfadores son individuos orientados al éxito, ambiciosos y motivados. Están impulsados por la necesidad de ser admirados y reconocidos por sus logros.

Analicemos las características, motivaciones y patrones de comportamiento distintivos de este tipo de personalidad, y cómo esto influye en su forma de interactuar con el mundo y las relaciones.

Los Triunfadores se caracterizan por tener:

Imagen cuidadosamente construida: Los Triunfadores son expertos en proyectar una imagen de éxito y logro. Son altamente conscientes de su imagen pública y se esfuerzan por presentarse de manera impecable y exitosa.

Ambición y competitividad: Están impulsados por el deseo de destacar y sobresalir en todo lo que hacen. Son altamente competitivos y se fijan metas ambiciosas para alcanzar el éxito y obtener reconocimiento.

Adaptabilidad: Son capaces de adaptarse a diferentes situaciones y roles para impresionar a los demás y lograr sus objetivos. Son muy hábiles para leer las expectativas de los demás y ajustar su comportamiento en consecuencia.

Orientación hacia resultados: Están enfocados en los resultados y tienden a medir su valía por sus logros. Buscan constantemente nuevas oportunidades y desafíos para demostrar su valía y obtener reconocimiento externo.

Hipervigilancia de la imagen: Pueden pasar mucho tiempo y energía en mantener una imagen de éxito y perfección. Esto puede llevarlos a esforzarse demasiado y a poner una presión excesiva sobre sí mismos.

Tendencia a la superficialidad: Debido a su enfoque en el éxito externo, los Triunfadores pueden descuidar su mundo interior y sus emociones. Pueden parecer superficiales o desconectados emocionalmente.

Dificultad para relajarse: Los Triunfadores pueden tener dificultades para relajarse y disfrutar el momento presente. Su constante impulso de logro puede dificultarles el poder disfrutar de los momentos de descanso y simplemente ser ellos mismos.

Por otra parte, a Los Triunfadores suelen ser motivados por:

Obtener reconocimiento y admiración: Los tipo tres constantemente buscan el reconocimiento y la admiración de los demás. Su autoestima y sentido de valía personal están estrechamente ligados a la aprobación externa y los elogios por sus logros.

Evitar el fracaso y la mediocridad: Tienen un miedo profundo al fracaso y a ser considerados mediocres. Su deseo de destacar los impulsa a esforzarse constantemente y a trabajar arduamente para evitar cualquier forma de fracaso o crítica.

En cuanto a su interacción con el mundo y sus relaciones con los demás, las personas con este tipo de personalidad se destacan por:

Enfoque en impresionar a los demás: Los Triunfadores tienden a poner un gran esfuerzo en impresionar a los demás y ganarse su admiración. Esto puede llevarlos a tomar decisiones basadas en expectativas externas y a descuidar sus propias necesidades y deseos.

Habilidad para influir y motivar a otros: Son carismáticos y persuasivos, lo que les permite influir en los demás y motivarlos hacia el logro de metas comunes. Son líderes naturales y excelentes para inspirar a otros a alcanzar su máximo potencial.

Dificultad para mostrar vulnerabilidad: Debido a su enfoque en la imagen y el éxito, los Triunfadores pueden tener dificultades para mostrar su vulnerabilidad y pedir ayuda. Prefieren mantener una fachada de fortaleza y competencia, lo que puede dificultar el establecimiento de conexiones emocionales profundas.

Algunas estrategias que pueden emplear Los Triunfadores para encontrar la autenticidad son:

Reconocer la propia valía interna: Aprender a valorarse y apreciarse a sí mismos más allá de los logros externos y la aprobación de los demás. Esto implica trabajar en el cultivo de una autoestima sólida y en el reconocimiento de su valor intrínseco como personas.

Conectar con las propias emociones: Es importante para los Triunfadores conectarse con sus emociones y permitirse experimentarlas en lugar de suprimirlas o ignorarlas. Esto implica cultivar la habilidad de reconocer y expresar sus sentimientos de manera auténtica.

Establecer metas y valores significativos: Los Triunfadores pueden encontrar la autenticidad al establecer metas y valores que estén alineados con sus verdaderos deseos y pasiones. Esto implica tomar decisiones basadas en lo que realmente importa para ellos, en lugar de buscar solo el reconocimiento externo.

Practicar la vulnerabilidad y la honestidad: Los Triunfadores deben permitirse ser vulnerables y compartir sus luchas y debilidades con los demás. Esto les ayudará a construir relaciones más auténticas y significativas, basadas en la confianza y la honestidad mutua.

Relaciones del tipo tres

El Triunfador es conocido por su enfoque en el éxito y la imagen, lo que puede influir en su forma de interactuar en diferentes situaciones.

Analicemos las características y comportamientos típicos de los Triunfadores en sus relaciones personales y profesionales, y cómo pueden mejorar su conexión consigo mismos y con los demás.

En cuanto a sus relaciones personales las personas tipo tres se caracterizan por:

Búsqueda de admiración: Los Triunfadores suelen esforzarse por obtener la admiración y el reconocimiento de los demás en sus relaciones personales. Pueden tener tendencia a mostrar solo su lado exitoso y a ocultar sus vulnerabilidades y emociones más profundas.

Un Triunfador, por ejemplo, podría centrarse en presentar una imagen impecable en sus relaciones románticas o mostrando logros profesionales y evitando compartir sus miedos o inseguridades.

Competitividad: Debido a su deseo de destacar y tener éxito, los Triunfadores pueden ser competitivos en sus relaciones personales, ya sea de manera abierta o sutil. Esto puede afectar la dinámica de la relación y crear tensiones.

Por ejemplo, un tipo tres podría sentir la necesidad de competir con sus hermanos en términos de logros, reconocimiento social o apariencia física.

Adaptabilidad: Los Triunfadores tienden a adaptarse a las expectativas de los demás para mantener una imagen positiva y ser aceptados. Pueden sacrificar sus propias necesidades y deseos para asegurarse de que los demás estén satisfechos y lo vean como exitoso y competente.

Con respecto a sus relaciones profesionales se caracterizan por:

Ambición y enfoque en el éxito: Los Triunfadores son conocidos por su ambición y su búsqueda del éxito en el ámbito profesional. Pueden ser trabajadores incansables y dedicados, dispuestos a asumir responsabilidades adicionales para lograr sus metas.

Un Triunfador podría establecer metas ambiciosas en su carrera y trabajar arduamente para obtener promociones, reconocimiento y prestigio.

Capacidad de influencia: Los Triunfadores tienen una gran capacidad para influir y motivar a otros en el entorno laboral. Pueden ser líderes carismáticos y persuasivos, capaces de inspirar a sus colegas y colaboradores para alcanzar resultados destacados.

Un Triunfador podría ser un gerente o líder de equipo que motiva y dirige a sus subordinados hacia el éxito, estableciendo metas claras y brindando apoyo y reconocimiento.

Preocupación por la imagen y la reputación: Los Triunfadores tienden a cuidar mucho su imagen y reputación profesional. Pueden ser meticulosos en la presentación de su trabajo y esforzarse por mantener un prestigio impecable.

Un Triunfador podría dedicar tiempo y esfuerzo extra en la preparación de presentaciones o informes para asegurarse de que reflejen su excelencia y perfección profesional.

Con respecto a la relación que lleva consigo mismo, un Triunfador se caracteriza por:

Desconexión con sus emociones: Los Triunfadores a menudo tienen dificultades para conectarse con sus emociones más profundas debido a su enfoque en el éxito externo. Es importante que aprendan a reconocer y expresar sus sentimientos para tener una relación más auténtica consigo mismos.

Un Triunfador podría practicar la introspección y la autoexploración emocional, permitiéndose sentir y expresar emociones como la tristeza o la vulnerabilidad.

Aceptación de la vulnerabilidad: Los Triunfadores pueden tener dificultades para aceptar y mostrar su vulnerabilidad, ya que temen que esto pueda socavar su imagen de éxito. Aprender a aceptar y abrazar su lado vulnerable les permitirá una mayor autenticidad y conexión consigo mismos.

Un Triunfador podría compartir con confianza sus desafíos y debilidades con personas de confianza, reconociendo que ser vulnerable no implica debilidad, sino fortaleza.

Para mejorar su relación con los demás, una personalidad tipo tres puede:

Practicar la escucha empática: Los Triunfadores pueden enfocarse tanto en sí mismos y en sus objetivos que a veces descuidan escuchar genuinamente a los demás. Practicar la escucha empática les permitirá construir relaciones más auténticas y significativas.

Un Triunfador podría dedicar tiempo y atención plena a escuchar activamente a sus seres queridos o colegas, demostrando un interés genuino en sus preocupaciones y perspectivas.

Delegar y confiar en otros: Los Triunfadores tienden a asumir muchas responsabilidades por temor a que los demás no cumplan con sus expectativas. Aprender a delegar tareas y confiar en la capacidad de los demás les permitirá liberar carga y fortalecer las relaciones de colaboración.

Un Triunfador podría asignar responsabilidades a miembros de su equipo, brindándoles la oportunidad de crecer y demostrar su competencia.

Valorar el tiempo personal y el equilibrio: Los Triunfadores pueden estar tan enfocados en el éxito y el trabajo que descuidan su propio bienestar y tiempo personal. Aprender a establecer límites saludables y dedicar tiempo para el autocuidado les permitirá mantener relaciones más equilibradas y satisfactorias.

Un Triunfador podría reservar tiempo en su agenda para actividades de ocio, descanso y cuidado personal, reconociendo que el equilibrio entre el trabajo y la vida personal es fundamental para su bienestar general.

Liberación de la búsqueda constante de éxito

El Triunfador, en su tendencia a estar constantemente buscando el éxito, puede afectar su bienestar emocional y sus relaciones, pero tiene a su alcance varias estrategias que lo pueden ayudar a liberarse de esta búsqueda obsesiva y encontrar un equilibrio más saludable en la vida.

Su ciclo de la búsqueda de éxito consiste en:

Necesidad de validación externa: Los Triunfadores tienen una fuerte necesidad de validación y reconocimiento externo. Buscan constantemente demostrar su valía a través de logros y metas alcanzadas.

Un Triunfador puede sentirse insatisfecho a menos que reciba elogios o reconocimiento por sus logros, incluso si internamente no se siente complacido del todo.

Autoexigencia y perfeccionismo: Los Triunfadores tienden a imponerse altos estándares y expectativas a sí mismos, buscando constantemente la perfección en todo lo que hacen.

Un Triunfador puede dedicar horas adicionales al trabajo para asegurarse de que su proyecto esté impecable y pueda ser reconocido por ello, incluso si eso significa sacrificar tiempo con la familia o el descanso personal.

Dependencia de resultados: Los Triunfadores tienden a vincular su autoestima y valía personal con los resultados obtenidos. La falta de éxito o reconocimiento puede llevarlos a sentirse inadecuados o fracasados.

Un Triunfador puede experimentar una profunda decepción y frustración si no logra alcanzar una meta o si su rendimiento no cumple con las expectativas.

Para liberarse de la búsqueda constante de éxito los tipo tres pueden:

Reconocer la autovalidación interna: Los Triunfadores pueden comenzar a liberarse de la búsqueda constante de éxito al reconocer que su valía no depende exclusivamente de los logros externos. Aprender a valorarse a sí mismos independientemente de los resultados les permite encontrar una mayor estabilidad emocional.

Un Triunfador puede recordarse a sí mismo que su valía no está determinada por el reconocimiento de los demás, sino por su propia autopercepción y autoaceptación.

Establecer metas realistas y significativas: En lugar de enfocarse únicamente en logros externos, los Triunfadores pueden comenzar a establecer metas que estén alineadas con sus valores y propósito de vida. Estas metas más significativas les permiten encontrar un sentido de satisfacción y realización interna.

Un Triunfador puede establecer metas que involucren contribuir a la comunidad, desarrollar habilidades personales o fortalecer relaciones significativas, en lugar de solo buscar logros profesionales o materiales.

Cultivar el equilibrio y el autocuidado: Los Triunfadores necesitan aprender a equilibrar sus esfuerzos por el éxito con el cuidado personal y el tiempo para descansar y recargarse. Priorizar el autocuidado les ayuda a mantener una salud física y mental adecuada.

Un Triunfador podría establecer límites claros en su horario para asegurarse de tener tiempo para actividades que promuevan su bienestar, como ejercicio, meditación o tiempo de calidad con seres queridos.

Por otra parte, la práctica de la gratitud y la apreciación, también puede ser beneficioso para Los Triunfadores:

En lugar de enfocarse únicamente en lo que aún falta por lograr, los Triunfadores pueden practicar la gratitud y la apreciación por lo que ya han alcanzado. Reconocer y valorar sus logros pasados les ayuda a encontrar un sentido de satisfacción y contento en el presente.

Un Triunfador puede llevar un diario de gratitud y anotar cada día tres cosas por las que se siente agradecido, ya sean grandes o pequeñas.

Por otra parte, al reconocer el valor de las relaciones y la conexión humana. Pueden encontrar un sano equilibrio al reconocer que el éxito no solo se basa en los logros individuales, sino también en las relaciones y conexiones significativas con los demás. Cultivar relaciones auténticas y nutrir vínculos personales les brindará una sensación de plenitud y satisfacción emocional.

Los Triunfadores pueden encontrar un camino hacia una vida más equilibrada y satisfactoria al reconocer la importancia de la autovalidación interna, establecer metas significativas, cultivar el equilibrio y el autocuidado, practicar la gratitud y valorar las relaciones.

También pueden dedicar tiempo y esfuerzo a fortalecer sus relaciones personales, conectando de manera genuina con los demás y expresando su aprecio y amor.

Al liberarse de la necesidad constante de éxito externo, pueden descubrir una mayor autenticidad y felicidad en su camino hacia el crecimiento personal.

Conectando con la autenticidad

Los Triunfadores son individuos orientados hacia el éxito y la imagen pública, por lo que tienden a definir su valía en función de los logros y la aprobación de los demás.

Los motiva el deseo de destacar, lograr reconocimiento y alcanzar metas significativas, así que constantemente buscan la validación externa para mantener su imagen exitosa.

Detrás de su aparente éxito, a menudo se enfrentan a desafíos, ya que pueden volverse adictos al trabajo y esforzarse en exceso. Por ejemplo, pueden sacrificar su tiempo personal o descuidar sus relaciones para dedicarse por completo a su carrera profesional.

A menudo se desconectan de su verdadera autenticidad en su afán de mantener una imagen. Pueden adoptar máscaras y roles que se ajusten a las expectativas de los demás, perdiendo de vista quiénes son realmente en su esencia.

Esta desconexión con su autenticidad puede generar un profundo sentimiento de vacío y falta de satisfacción interna, a pesar de sus logros externos.

Reconectarse con su autenticidad implica un viaje de autoexploración y auto aceptación. Es fundamental que aprendan a valorarse por quienes son y no solo por lo que logran.

Algunas prácticas que pueden ayudarles en este camino incluyen la reflexión introspectiva, la búsqueda de propósito más allá del éxito externo, y el cultivo de relaciones auténticas y significativas.

Los tipo tres pueden aprender a equilibrar su deseo de éxito externo con el cultivo de su autenticidad. Esto implica dejar de buscar la validación en el exterior y aprender a reconocer y valorar sus propias cualidades, así como sus logros internos.

También implica establecer límites saludables y aprender a decir "ya basta" cuando sea necesario, evitando la sobreexigencia y el agotamiento.

Conectar con la autenticidad es un proceso esencial para los Triunfadores. Les brinda la oportunidad de vivir desde un lugar de congruencia interna y experimentar una mayor satisfacción y plenitud en sus vidas.

A través de la reflexión, la autoaceptación y el establecimiento de límites saludables, los Triunfadores pueden liberarse de la búsqueda constante de éxito externo y encontrar un equilibrio entre sus metas personales y su autenticidad.

Algunos ejemplos de cómo los Triunfadores pueden aplicar esto en su vida cotidiana incluyen:

Practicar la autoreflexión: Tomarse el tiempo para reflexionar sobre sus valores, intereses y pasiones puede ayudar a los Triunfadores a conectar con su verdadera autenticidad. Pueden hacer esto a través de la escritura en un diario, la meditación o simplemente dedicando momentos de silencio y tranquilidad para explorar su mundo interior.

Establecer límites saludables: Tienden a decir "sí" a muchas responsabilidades y compromisos para demostrar su valía. Aprender a establecer límites y decir "no" cuando sea necesario les permite priorizar su bienestar y dedicar tiempo y energía a actividades que realmente les satisfacen.

Cultivar relaciones auténticas: Pueden buscar relaciones basadas en la autenticidad y la reciprocidad. Esto implica buscar personas que los acepten y valoren por quienes son, más allá de sus logros externos. Al rodearse de personas genuinas y apoyadoras, los Triunfadores pueden sentirse más auténticos y experimentar un sentido de conexión más profundo.

Encontrar el propósito más allá del éxito: Pueden explorar su propósito de vida más allá de los logros externos. Pueden preguntarse qué es lo que realmente les apasiona y cómo pueden contribuir al mundo de una manera significativa. Al alinear sus metas con su autenticidad, pueden encontrar un sentido más profundo de realización y satisfacción.

Los tipo tres pueden liberarse de la búsqueda constante de éxito al conectar con su autenticidad, además, reflexionando, estableciendo límites saludables y encontrando un propósito más allá de los logros externos, podrán tener una mayor satisfacción interna y vivir una vida más auténtica y plena.

CAPÍTULO 6

Personalidad tipo 4:

El Individualista

Los tipo cuatro son personas sensibles, creativas y emocionales con una profunda necesidad de ser únicos y auténticos, esto los impulsa a buscar la singularidad y la autenticidad en un intento de encontrar una identidad completa.

A menudo luchan con sentimientos de insatisfacción y anhelo, lo que puede llevarlos a experimentar una sensación constante de vacío emocional por enfocarse en lo que les falta en lugar de apreciar lo que ya tienen o pasar por alto las cosas positivas en sus vidas.

En este capítulo, descubriremos cómo los tipo cuatro pueden cultivar la gratitud como una poderosa herramienta para encontrar mayor alegría y plenitud en sus vidas.

Cultivar la gratitud puede ser un desafío para Los Individualistas, ya que a menudo se sienten atraídos por la melancolía y la intensidad emocional.

Por lo general enfrentan algunos obstáculos, tales como la comparación con los demás, la tendencia a idealizar lo que está ausente y la dificultad para reconocer las bendiciones en medio del dolor.

Sin embargo, con práctica y conciencia, los tipo cuatro pueden aprender a abrirse a la gratitud y experimentar sus beneficios en pro de su crecimiento personal.

Es importante que los tipo cuatro integren la gratitud como una práctica continua en su vida diaria, para formar este hábito, pueden crear recordatorios visuales o establecer rutinas regulares con el fin de reflexionar acerca de las cosas por las que se sienten agradecidos.

La gratitud es un antídoto poderoso para la insatisfacción y el anhelo para los Individualistas, ya que los ayuda a reconocer las bendiciones y las experiencias positivas que ya están presentes en sus vidas.

Apreciar lo que ya tienen y ser más agradecidos les va a permitir conectarse más profundamente consigo mismos y con los demás, encontrando la belleza en su singularidad y abrazando su autenticidad de una manera más equilibrada y satisfactoria.

La gratitud es para ellos una poderosa herramienta para su autodescubrimiento y autenticidad. A través de su constante práctica, los tipo cuatro pueden liberarse de la sensación de vacío emocional y de encontrar una mayor plenitud en su vida.

La personalidad del tipo cuatro

Los tipo cuatro son conocidos como "Los Individualistas" o también como "Los Románticos" ya que se caracterizan por su profunda sensibilidad y por su búsqueda constante de significado y belleza en el mundo.

Son personas altamente creativas y emocionalmente expresivas, capaces de conectar profundamente con sus propias emociones y las de los demás.

Sin embargo, también tienen una tendencia a experimentar una profunda sensación de falta o vacío emocional, suelen sentirse diferentes y desconectados de los demás, lo que puede llevarlos a buscar constantemente la plenitud en relaciones, experiencias o expresiones artísticas.

En las relaciones, los tipo cuatro anhelan una conexión profunda y auténtica. Buscan ser comprendidos y valorados por quienes les rodean, y pueden ser muy sensibles a cualquier señal de rechazo o falta de atención.

Encuentran satisfacción en relaciones íntimas donde se sientan entendidos y aceptados en su singularidad. Sin embargo, también es importante para ellos aprender a equilibrar su necesidad de ser especiales con la aceptación de que todos los seres humanos tienen su propia singularidad y valor intrínseco.

Para ellos, el crecimiento personal implica aprender a manejar su intensidad emocional y su sentido de falta o carencia. Para ayudar a mejorar este aspecto, pueden practicar el autoanálisis y la aceptación de todas las facetas de su ser, incluso aquellas que podrían catalogar como "oscuras" o considerarlas como "inaceptables".

Los tipo cuatro también pueden trabajar en desarrollar un sentido de gratitud por lo que ya tienen en sus vidas. Al centrarse en las bendiciones y las experiencias positivas, pueden contrarrestar la sensación de vacío y encontrar una mayor satisfacción en el presente.

Un ejemplo de cómo Los Individualistas pueden manifestar su personalidad en la vida cotidiana es a través de su expresión creativa. Otro ejemplo de cómo manifiestan su personalidad es la forma en que se relacionan con los demás. Pueden ser muy sensibles a los cambios en las dinámicas interpersonales, perciben fácilmente cualquier falta de conexión o atención.

Analizar su personalidad nos permite comprender mejor a Los Individualistas y su búsqueda de autenticidad y significado en la vida.

Mediante la aceptación de su propia singularidad, el cultivo de la gratitud y el desarrollo de relaciones saludables, los tipo cuatro podrán encontrar el equilibrio emocional y vivir una vida más plena y auténtica.

Emocionalidad en la vida del tipo cuatro

Los tipo cuatro son personas altamente sensibles y emotivas. Sus emociones son una parte integral de su experiencia diaria. Comprender cómo esta emocionalidad influye en su forma de ser y cómo pueden gestionarla de manera saludable, es fundamental para su crecimiento personal.

Los Individualistas son conocidos por su capacidad para experimentar una amplia gama de emociones de manera profunda e intensa. Pueden sumergirse en sus sentimientos y encontrar belleza en las emociones más complejas, como la tristeza, la melancolía y la añoranza.

Su riqueza emocional les permite tener una visión única del mundo y expresarse a través del arte, la música o la escritura. Esta sensibilidad les permite conectarse profundamente con los demás, pero también puede hacerlos vulnerables a la crítica y a sentirse heridos con facilidad.

Los tipo cuatro son extremadamente sensibles a las emociones propias y ajenas. Pueden captar sutiles cambios en el estado de ánimo de las personas y son empáticos con las experiencias emocionales de los demás. Su emocionalidad es uno de los aspectos más importantes, sino el que más, en la formación de la identidad de los tipo cuatro.

A menudo pueden sentirse diferentes o excluidos por lo que buscan destacarse a través de su singularidad y se esfuerzan por ser auténticos tratando de encontrar un sentido de pertenencia en la expresión de su yo verdadero.

La gestión de las emociones es un desafío para este tipo de personalidad del Eneagrama. Dado que sus emociones son tan intensas, pueden experimentar altibajos emocionales más pronunciados que otros tipos de personalidad.

Es por esto tan importante que aprendan a canalizar sus emociones de una forma más saludable y a buscar el equilibrio emocional a través de la autocomprensión y el autocuidado.

La emocionalidad del tipo cuatro se suele reflejar en su expresión creativa. Muchos Individualistas encuentran en el arte, la música, la danza u otras formas de expresión creativa una salida para canalizar y dar forma a sus emociones.

Estas actividades les permiten procesar y comunicar sus sentimientos más profundos, y pueden ser una fuente de inspiración y sanación para ellos.

En una relación interpersonal, los cuatro pueden ser altamente sensibles a los cambios emocionales de su pareja o amigos. Tienen la habilidad de detectar rápidamente si alguien está triste, enojado o preocupado, y pueden ofrecer consuelo y apoyo emocional.

Sin embargo, la intensidad emocional también puede presentar desafíos para el tipo cuatro. Aprender a manejar estas fluctuaciones emocionales y buscar el equilibrio es fundamental para su bienestar.

Cultivar la autocomprensión y la aceptación de las propias emociones es una parte importante del crecimiento personal de las personas tipo cuatro. Aprender a reconocer y validar sus sentimientos, sin juzgarse a sí mismos, les permite desarrollar su emocionalidad de manera saludable y encontrar una mayor estabilidad emocional.

La capacidad del tipo cuatro para experimentar emociones de manera profunda y su sensibilidad a las experiencias emocionales de los demás, definitivamente los distingue. Al comprender y gestionar sus emociones de manera saludable, los tipo cuatro podrán tener una conexión más auténtica consigo mismos y con los demás.

Es importante que sepan aprovechar la expresión creativa, la autocomprensión, la gratitud y el equilibrio emocional, ya que estos son elementos clave para alcanzar su satisfacción en el camino hacia la autenticidad.

Fomentando la gratitud

Los tipo cuatro son conocidos por su sensibilidad y su profunda conexión con sus emociones. Sin embargo, a veces pueden caer en la trampa de la melancolía y la insatisfacción.

Aprender a cultivar la gratitud puede ser una herramienta poderosa para que encuentren su equilibrio emocional y vivan una vida más plena y satisfactoria.

El tipo cuatro tiene una tendencia natural a buscar lo único y especial en el mundo. Pueden apreciar la belleza en las pequeñas cosas y encontrar la inspiración en lo que otros podrían pasar por alto.

Sin embargo, esta búsqueda constante de la singularidad los puede llevar a caer en un estado de insatisfacción permanente, ya que siempre estarán buscando algo que los llene por completo. Aquí es donde la práctica de la gratitud puede marcar una gran diferencia.

Los Individualistas tienden a enfocarse en lo que les falta o en lo que creen que les hace diferentes. Esto puede llevarlos a pasar por alto las bendiciones y los momentos de felicidad que ya tienen en sus vidas, en este caso, practicar la gratitud implica cambiar el enfoque hacia lo positivo y valorar lo que ya tienen.

En la práctica, un cuatro puede desarrollar la gratitud al hacer una lista diaria de tres cosas por las que se siente agradecido, pueden ser cosas pequeñas como una conversación significativa, una canción que les hizo sentir emociones intensas o una comida deliciosa.

Los tipo cuatro a menudo experimentan emociones intensas y pueden enfrentar desafíos emocionales en su vida. En lugar de quedarse atrapados en la tristeza o la frustración, la gratitud les permitirá encontrar valor y lecciones en esas experiencias difíciles.

Un Individualista puede encontrar gratitud al reflexionar sobre una experiencia dolorosa y darse cuenta de cómo le ha ayudado a crecer, fortalecerse y comprender mejor a sí mismo y a los demás.

Expresar gratitud hacia los demás también podrá ayudar a los cuatro en su desarrollo personal, son conocidos por su sensibilidad y su capacidad para empatizar con los demás, así, al expresar su gratitud hacia aquellos que los rodean, puede fortalecer sus conexiones emocionales y fomentar relaciones más profundas y significativas.

Un cuatro puede expresar gratitud a un amigo cercano o ser querido por su apoyo incondicional, su presencia reconfortante o su capacidad para comprender su mundo emocional.

Es importante destacar que el camino hacia la gratitud puede requerir tiempo y esfuerzo para Los Individualistas, ya que su naturaleza emocionalmente intensa puede llevarlos a caer en patrones de pensamiento negativo o autocompasión.

Sin embargo, con perseverancia y práctica, podrán desarrollar una actitud más positiva y apreciativa hacia sí mismos y su entorno.

Algunas estrategias adicionales que pueden ayudar a los tipo cuatro a fomentar la gratitud incluyen llevar un diario de gratitud, practicar la atención plena para disfrutar de las experiencias simples y buscar oportunidades para expresar su gratitud hacia los demás.

A través de la práctica constante de la gratitud, los tipo cuatro pueden encontrar un mayor equilibrio emocional, una mayor apreciación por la belleza en la vida cotidiana y una conexión más profunda con su autenticidad.

La gratitud les brinda la oportunidad de encontrar alegría y significado en cada momento, abriendo el camino hacia una vida más plena y enriquecedora.

Con estas acciones, Los Individualistas pueden romper el ciclo de insatisfacción y encontrar una mayor apreciación por las bendiciones y las experiencias de la vida cotidiana, también podrán abrirse a la posibilidad de una mayor felicidad, conexión emocional y autenticidad.

Así, la gratitud se convierte en una herramienta poderosa para transformar la perspectiva de los tipo cuatro y con esto, encontrar alegría en cada uno de sus momentos.

Superando la tendencia a la melancolía

Los tipo cuatro son conocidos por su rica vida emocional y su capacidad para sumergirse en estados de ánimo intensos, pero también pueden ser propensos a caer en la trampa de la melancolía, donde se sienten atrapados en sentimientos de tristeza, nostalgia y anhelo.

A lo largo de este capítulo, aprenderemos estrategias efectivas para que los tipo cuatro puedan manejar y superar esta tendencia, y así encontrar un mayor equilibrio emocional y bienestar.

La melancolía es distintiva de este tipo de personalidad, y a menudo se deriva de su deseo innato de ser únicos y especiales. Los Individualistas pueden sentir una profunda sensación de pérdida, como si algo esencial estuviera ausente en sus vidas.

Esta melancolía puede manifestarse de diferentes maneras, desde la tristeza y la añoranza por momentos pasados hasta un sentido constante de insatisfacción y la sensación de que no encajan en el mundo. Para superar esta tendencia a la melancolía, es fundamental que se den cuenta de que sus emociones no los definen por completo.

Los Individualistas pueden aprender a observar y comprender sus sentimientos sin quedar atrapados en ellos. Aquí hay algunas estrategias prácticas que los pueden ayudar en este proceso:

Cultivar la conciencia emocional: Los tipo cuatro pueden desarrollar una mayor conciencia de sus emociones y aprender a identificar cuándo están cayendo en la melancolía. Esto les permite detenerse y tomar medidas para evitar que se sumerjan por completo en esos sentimientos.

Encontrar el equilibrio emocional: Es importante que los tipo cuatro trabajen en equilibrar sus emociones, permitiéndose sentir tanto la tristeza como la alegría. A veces, pueden estar tan inmersos en la melancolía que no reconocen las experiencias positivas de la vida. Practicar la gratitud y enfocarse en las cosas buenas que les suceden, puede serles de gran ayuda para contrarrestar la tendencia a la melancolía.

Buscar la belleza en la vida cotidiana: Los tipo cuatro tienen una sensibilidad especial para apreciar la belleza en el mundo. Pueden enfocarse en encontrar momentos de belleza en las pequeñas cosas de la vida cotidiana, ya sea un paisaje, una obra de arte o una canción inspiradora. Esto les permite encontrar momentos de alegría y significado, contrarrestando la melancolía.

Practicar la autorreflexión: Los tipo cuatro pueden beneficiarse de la autorreflexión y el autoconocimiento. Al comprender sus patrones emocionales y cómo la melancolía puede afectar su bienestar, pueden tomar decisiones más conscientes para mantener un estado emocional saludable.

Buscar apoyo emocional: Contar con un sistema de apoyo compuesto por amigos, familiares o profesionales puede ser de gran ayuda para los tipo cuatro. Estas personas pueden ofrecer una perspectiva objetiva y recordarles a los tipo cuatro sus fortalezas y logros, ayudándolos a encontrar un equilibrio emocional más saludable.

El apoyo emocional les puede ofrecer un espacio seguro para compartir sus sentimientos y recibir el apoyo necesario para superar la tendencia a la melancolía.

Aceptar su unicidad. Además de estas estrategias, es fundamental que los tipo cuatro se den permiso para ser ellos mismos. A menudo, la melancolía surge de la sensación de no encajar en el mundo, pero los tipo cuatro pueden aprender a abrazar su individualidad y encontrar valor en ella. Reconocer que todos somos seres únicos con nuestras propias experiencias y perspectivas puede ayudarles a liberarse de la trampa de la melancolía y a encontrar un sentido de pertenencia y aceptación.

Es importante destacar que superar la tendencia a la melancolía puede llevar tiempo y esfuerzo. Cada individuo es diferente, y el proceso de cultivar la gratitud y encontrar un equilibrio emocional puede variar.

Sin embargo, con práctica y determinación, los tipo cuatro pueden aprender a vivir una vida más plena, apreciando la belleza y encontrando significado en cada experiencia.

Al aprender a apreciar la singularidad de su ser y encontrar gratitud en cada aspecto de la vida, los tipo cuatro pueden liberarse de la melancolía y vivir una vida más auténtica y plena.

Este proceso no solo beneficia su bienestar emocional, sino que también les permite conectar más profundamente consigo mismos y con los demás.

CAPÍTULO 7

Personalidad tipo 5: El Observador

Los tipo cinco valoran el conocimiento, la independencia y la privacidad. Tienen una inclinación natural hacia el pensamiento analítico y la búsqueda de información, pero a menudo pueden tener dificultades para conectarse emocionalmente con los demás y para equilibrar su enfoque en el conocimiento con la intimidad y las relaciones significativas.

Los Observadores son personas altamente intelectuales que buscan la comprensión profunda del mundo que les rodea. Tienen una tendencia a retirarse emocionalmente y a mantener su privacidad, ya que valoran su independencia y su espacio personal.

A menudo se sienten más cómodos en entornos solitarios o con un pequeño círculo de personas íntimas, en lugar de grandes grupos sociales.

Pueden tener dificultades para expresar y comprender sus propias emociones, así como para conectar emocionalmente con los demás. Es común que se sientan abrumados por la intensidad emocional y opten por distanciarse, o refugiarse en el mundo del conocimiento, para evitar enfrentar sus sentimientos.

Esta falta de conexión emocional puede afectar sus relaciones y dificultar la creación de vínculos íntimos y significativos, sin embargo, los tipo cinco pueden desarrollar la conexión emocional al practicar la autoconciencia y la aceptación de sus propios sentimientos.

Es importante que se permitan experimentar y expresar emociones sin juzgarse a sí mismos. Pueden explorar actividades creativas o terapias expresivas como medios para conectarse con sus emociones de manera segura.

Aprender a comunicarse abierta y honestamente sobre sus sentimientos con personas de confianza también es fundamental para desarrollar la conexión emocional.

Pueden aprender a equilibrar su deseo de conocimiento con la necesidad de intimidad y relaciones significativas, al buscar oportunidades para compartir sus conocimientos y perspectivas con los demás, esto les permite contribuir de manera significativa en las interacciones sociales.

Un tipo cinco podría dedicar tiempo a investigar y comprender en profundidad un tema que le apasione, pero también se desafiaría a sí mismo a compartir ese conocimiento con otros en un entorno académico o en un grupo de discusión.

Practicar la empatía y el interés genuino en las experiencias y emociones de los demás también puede ayudarles a construir conexiones más profundas.

Un tipo cinco podría explorar actividades creativas como la escritura, la pintura o la música como una forma de expresar y conectarse con sus propias emociones, y podría unirse a un taller o grupo de artistas para compartir sus creaciones y emociones con otros.

En una situación personal, un tipo cinco podría practicar la apertura emocional al compartir sus preocupaciones o alegrías con un amigo cercano o ser querido, permitiéndose así conectar a un nivel más profundo.

Durante una reunión de trabajo, un Observador podría esforzarse por escuchar activamente las ideas y perspectivas de los demás, mostrando interés genuino en sus experiencias y emociones, lo que les permitiría establecer conexiones más significativas en el entorno laboral.

Al encontrar un equilibrio entre el conocimiento y la intimidad, los tipo cinco pueden expandir su capacidad de conectarse emocionalmente consigo mismo y con los demás, así como a disfrutar de relaciones más gratificantes.

La personalidad del tipo cinco

La personalidad del tipo cinco se caracteriza por el deseo de adquirir conocimiento, la observación y la tendencia a retirarse emocionalmente.

Analicemos las características, motivaciones y comportamientos típicos de este tipo, así como las estrategias para que Los Observadores desarrollen conexiones emocionales más profundas y satisfactorias en su vida.

Los tipo cinco son personas reflexivas y reservadas que valoran la privacidad y el tiempo a solas para recargar energías. Tienen una curiosidad innata y un deseo constante de adquirir conocimientos en áreas que les interesan.

Suelen ser observadores detallados, analíticos y profundos en su pensamiento, prefiriendo la soledad y buscando espacios tranquilos para procesar sus pensamientos.

Buscan preservar su energía y proteger su privacidad, lo que los lleva a establecer límites claros con los demás. Necesitan tener un amplio conocimiento y comprensión del mundo para sentirse seguros y competentes.

Sin embargo, pueden experimentar una sensación de escasez en relación con su tiempo, energía y recursos, lo que los lleva a retirarse emocionalmente como medida de autoprotección.

Los tipo cinco pueden ser selectivos en sus relaciones, prefiriendo la compañía de personas con intereses similares o que respeten su necesidad de espacio y tiempo a solas. Esto puede generar una aparente distancia emocional y dificultar la conexión íntima con los demás.

A veces, tienen dificultades para expresar sus emociones y necesidades, lo que puede causar malentendidos y frustraciones en las relaciones. No obstante, cuando se sienten seguros y respetados, pueden brindar un profundo nivel de apoyo intelectual y emocional a sus seres queridos.

Para desarrollar una conexión emocional más saludable, pueden trabajar en reconocer y expresar sus propias emociones. La práctica de la escucha activa y empática les ayudará a conectarse emocionalmente con los demás.

Participar en actividades que estimulen la creatividad y la expresión emocional, como el arte, la música o la escritura, les permitirá conectarse consigo mismos y sus emociones de manera más consciente.

Al compartir sus conocimientos y experiencias con los demás, los tipo cinco pueden establecer conexiones significativas basadas en el intercambio mutuo.

A través de la apertura y la disposición a compartir su sabiduría, pueden contribuir de manera valiosa en sus relaciones y encontrar un equilibrio entre su deseo de privacidad y su necesidad de conexión emocional.

Al comprender mejor a los tipo cinco y las estrategias para cultivar su conexión emocional, podemos apreciar y nutrir las relaciones con las personas de este tipo en nuestras vidas.

Interacción con el mundo emocional

El tipo cinco tiende a ser reservado y cauteloso en cuanto a sus propias emociones. Debido a su enfoque en la adquisición de conocimientos y su deseo de preservar su privacidad, pueden desconectarse emocionalmente y parecer distantes o fríos. Sin embargo, es importante tener en cuenta que ellos no carecen de emociones, simplemente las manejan de manera diferente.

Los tipo cinco suelen tener un amplio espectro emocional, pero a menudo prefieren observar y analizar sus emociones en lugar de expresarlas abiertamente. Esto puede deberse a su deseo de proteger su espacio personal y mantener un sentido de control sobre sus emociones. Pueden sentirse más cómodos procesando internamente sus sentimientos en lugar de compartirlos con los demás.

En situaciones emocionalmente cargadas, los tipo cinco pueden optar por retirarse aún más, buscando la soledad y el tiempo a solas para procesar sus emociones. Pueden dedicar largas horas a la investigación y reflexión personal para comprender mejor sus sentimientos y encontrar soluciones lógicas.

Este enfoque puede ser beneficioso en ciertos aspectos, ya que los tipo cinco suelen ser personas profundamente reflexivas y tienen una capacidad innata para analizar situaciones complejas. Sin embargo, la tendencia de los tipo cinco a retirarse emocionalmente puede dificultar la conexión íntima con los demás.

Pueden tener dificultades para expresar sus emociones abiertamente y pueden ser vistos como distantes o inaccesibles por parte de aquellos que buscan una conexión emocional más profunda.

Para que los tipo cinco desarrollen una conexión emocional más plena, es importante que se den permiso para explorar y expresar sus emociones de manera saludable.

Aquí hay algunas estrategias que pueden ayudarles en este proceso:

Autoconciencia emocional: Los tipo cinco pueden beneficiarse al dedicar tiempo a identificar y comprender sus propias emociones. Pueden llevar un diario emocional para registrar sus sentimientos y reflexionar sobre ellos. Además, pueden practicar la atención plena y la observación consciente de sus estados emocionales en diferentes situaciones.

Comunicación asertiva: Aunque pueda resultar desafiante, los tipo cinco pueden aprender a expresar sus emociones de manera clara y respetuosa. Pueden practicar la comunicación asertiva al compartir sus sentimientos de manera directa, evitando la tendencia a reprimir o minimizar sus emociones.

Búsqueda de apoyo emocional: Es importante que los tipo cinco busquen apoyo emocional en su entorno. Pueden confiar en personas de confianza con las que se puedan sentir cómodos compartiendo sus emociones. Estas personas pueden ser amigos cercanos, familiares o incluso terapeutas o consejeros. Al abrirse a los demás, los tipo cinco pueden experimentar una mayor conexión emocional y sentirse apoyados en su proceso de desarrollo personal.

Practicar la empatía: Aunque los tipo cinco pueden tener dificultades para conectarse emocionalmente con los demás, es importante que practiquen la empatía. Pueden esforzarse por comprender las emociones de los demás y ponerse en su lugar. Esto les ayudará a desarrollar una mayor sensibilidad emocional y a establecer conexiones más auténticas y significativas.

Buscar equilibrio: Si bien es valioso para los tipo cinco dedicar tiempo a su mundo interno y a su búsqueda de conocimiento, también es importante que encuentren un equilibrio saludable entre la introspección y la conexión con los demás. Pueden comprometerse en actividades sociales y participar en actividades que les permitan compartir experiencias emocionales con los demás.

Imaginemos a un tipo cinco llamado Javier, él es un investigador científico que pasa la mayor parte de su tiempo en su laboratorio, sumergido en su trabajo intelectual, y últimamente ha notado que su tendencia a retirarse emocionalmente, le ha llevado a sentirse desconectado de sus seres queridos y a experimentar una sensación de soledad.

Javier decide aplicar algunas de las estrategias mencionadas. Comienza a llevar un diario emocional en el que registra sus sentimientos y reflexiona sobre ellos al final de cada día. Además, se compromete a comunicar de manera más abierta sus emociones a su pareja y amigos cercanos.

Javier también busca apoyo emocional al compartir sus preocupaciones y desafíos con un terapeuta. A través de estas conversaciones, aprende a practicar la empatía al comprender mejor las emociones de los demás y cómo estas pueden afectar sus relaciones.

Gradualmente, Javier encuentra un equilibrio entre su trabajo intelectual y su vida emocional. Comienza a participar en actividades sociales y se involucra más en experiencias compartidas con sus seres queridos. A medida que se abre emocionalmente, experimenta una mayor conexión con los demás y una sensación de plenitud en su vida.

El tipo cinco puede enfrentar desafíos en la conexión emocional debido a su tendencia a retirarse y enfocarse en la adquisición de conocimientos. Sin embargo, a través de la práctica de la autoconciencia emocional, la comunicación asertiva, la búsqueda de apoyo emocional, la empatía y el equilibrio, los tipo cinco pueden desarrollar una conexión más profunda con sus propias emociones y con los demás. Al hacerlo, experimentarán una mayor satisfacción y plenitud en sus relaciones y en su vida en general.

Superando el aislamiento emocional

Imaginemos a una joven llamada Laura, que se identifica con la personalidad del tipo cinco. Ella es una estudiante de postgrado en física y está acostumbrada a pasar largas horas investigando y sumergiéndose en su mundo intelectual. Sin embargo, se ha dado cuenta de que ha estado evitando expresar y explorar sus propias emociones, lo que ha llevado a una desconexión emocional con las personas que la rodean.

Para superar el aislamiento emocional, Laura decide tomar medidas concretas. En primer lugar, comienza a practicar la autoconciencia emocional. Se toma el tiempo para reflexionar sobre sus propias emociones, incluso las más incómodas o intensas. Además, a través de la meditación y la escritura, Laura se permite experimentar y comprender mejor sus sentimientos.

Luego, Laura se reta a sí misma a comunicar sus emociones a los demás. Comienza compartiendo sus pensamientos y sentimientos con su mejor amiga, abriéndose de una manera que nunca había hecho antes.

A medida que se siente más cómoda expresando sus emociones, Laura nota cómo la conexión con su amiga se fortalece y cómo ambas pueden apoyarse mutuamente de una manera más profunda.

Además, Laura busca apoyo emocional en grupos de discusión y terapia. Encuentra un grupo de personas con intereses similares donde puede hablar abiertamente sobre sus experiencias y desafíos emocionales. También decide buscar la ayuda de un terapeuta que la guíe hacia una mayor conexión emocional.

Con el tiempo, Laura se da cuenta de que cultivar la empatía y la conexión emocional se vuelve más natural para ella. Se involucra en actividades que le permiten comprender y compartir las emociones de los demás, como participar en proyectos comunitarios y asistir a eventos culturales.

A medida que se abre a las experiencias emocionales de los demás, Laura descubre una nueva profundidad en sus relaciones y una sensación de satisfacción más plena en su vida.

A través de la autoconciencia, la comunicación abierta, el apoyo emocional y la práctica de la empatía, los tipo cinco pueden romper el ciclo del aislamiento y experimentar una conexión emocional más significativa con los demás.

Al practicar la gratitud hacia sus propias emociones y reconocer su importancia en la vida, Los Observadores pueden encontrar un equilibrio entre su intelecto y su mundo emocional, disfrutando de relaciones más enriquecedoras y una mayor satisfacción personal.

Superar el aislamiento emocional es un proceso que requiere tiempo y esfuerzo, pero es posible lograrlo.

Los tipo cinco pueden aprender a equilibrar su enfoque intelectual con una conexión emocional más profunda, permitiéndoles disfrutar de relaciones más significativas y una mayor plenitud en su vida.

Desarrollando la conexión con los demás

Los tipo cinco son personas altamente intelectuales y buscan comprender el mundo a través de la acumulación de conocimiento y la observación. Sin embargo, por su necesidad de privacidad pueden descuidar sus relaciones interpersonales, esta orientación los puede aislar emocionalmente y les puede generar dificultades para establecer relaciones íntimas y satisfactorias.

El Observador puede cultivar una conexión más profunda y significativa con los demás. El primer paso para lograrlo es reconocer y valorar la importancia de las relaciones humanas. Al comprender que estas conexiones son fundamentales para el bienestar y la plenitud, los tipo cinco pueden motivarse a buscar formas de desarrollar y mantener relaciones significativas.

Una forma efectiva para que un tipo cinco cultive la conexión con los demás es practicar la escucha activa. Esto implica estar presente en las conversaciones, prestar atención plena a lo que el otro está diciendo y mostrar interés genuino en su perspectiva.

Al ser un oyente atento y comprensivo, los tipo cinco pueden demostrar su compromiso de conectarse con los demás y fomentar un ambiente de confianza y apertura.

Por ejemplo, imagina a Juan, un tipo cinco que está participando en una reunión de equipo en el trabajo. En lugar de permanecer en silencio y distante, Juan se compromete a practicar la escucha activa. Hace preguntas para profundizar en las ideas de sus compañeros de equipo, muestra interés genuino en sus puntos de vista y responde de manera respetuosa. Esta actitud de escucha activa ayuda a Juan a establecer una conexión más significativa con sus colegas y fortalece su relación en el entorno laboral.

Los Observadores tienen un vasto conocimiento y experiencias interesantes para compartir. Cultivar la conexión con los demás implica encontrar oportunidades para compartir este conocimiento y experiencias de una manera accesible y enriquecedora.

Pueden contribuir a conversaciones y debates con ideas perspicaces, participar en actividades en grupo donde puedan compartir sus habilidades y ofrecer su ayuda y apoyo a quienes lo necesiten.

Por ejemplo, María, una tipo cinco apasionada por la historia, decide ofrecer una charla en su comunidad sobre un período histórico específico. A través de la investigación y la preparación, María crea una presentación informativa y entretenida que comparte con el grupo. Al compartir su conocimiento y pasión, María no solo nutre su propia conexión con la historia, sino que también crea un vínculo con los asistentes que comparten su interés en el tema.

Los tipo cinco a menudo tienen una afinidad natural por trabajar de manera independiente, pero para cultivar la conexión con los demás, es importante que también busquen oportunidades de colaboración y trabajo en equipo. Al unirse con otros, los tipo cinco pueden beneficiarse de diferentes perspectivas, compartir ideas y habilidades complementarias, y desarrollar relaciones más sólidas basadas en el trabajo conjunto.

Por ejemplo, Pablo, un tipo cinco que disfruta de la programación informática, decide unirse a un proyecto de desarrollo de software en equipo. Aunque inicialmente se siente cómodo trabajando solo, se da cuenta de que, al colaborar con otros programadores, puede mejorar sus habilidades, aprender nuevas técnicas y contribuir de manera más significativa al proyecto.

A medida que trabaja en estrecha colaboración con sus compañeros, Pablo también desarrolla relaciones más cercanas y se siente más conectado con el equipo.

Para cultivar la conexión emocional con los demás, los tipo cinco pueden beneficiarse al practicar la empatía y la compasión. Esto implica ponerse en el lugar de los demás, intentar comprender sus experiencias y emociones, y mostrar compasión y apoyo genuino.

Al desarrollar una mayor sensibilidad hacia las necesidades y los sentimientos de los demás, los tipo cinco pueden establecer relaciones más auténticas y profundas.

Por ejemplo, Ana, una tipo cinco que tiende a ser reservada y centrada en sí misma, se esfuerza por practicar la empatía en sus relaciones personales. Cuando su amiga Laura le cuenta sobre un desafío emocional que está enfrentando, Ana se toma el tiempo para escuchar atentamente, validar los sentimientos de Laura y ofrecer palabras de apoyo y aliento.

Al demostrar empatía y compasión, Ana fortalece su conexión con Laura y construye una amistad más sólida y significativa.

A través de la práctica de la escucha activa, el intercambio de conocimientos y experiencias, la búsqueda de la colaboración y el trabajo en equipo, la práctica de la empatía y la compasión, los tipo cinco pueden superar su tendencia al aislamiento emocional y desarrollar relaciones más auténticas y satisfactorias.

Al hacerlo, encuentran un equilibrio entre su necesidad de conocimiento y su anhelo de conexión humana, lo que les permite experimentar una vida más plena.

CAPÍTULO 8

Personalidad tipo 6: El Leal

La personalidad tipo seis corresponde a las personas que se caracterizan por ser leales, responsables y comprometidas, pero que, por su preocupación por la seguridad y su enfoque en evitar riesgos, pueden dudar de sí mismos y tener dificultades para confiar en su propio juicio.

En este capítulo, vamos a descubrir las características clave de Los Leales del tipo seis, los desafíos que enfrentan con relación a la confianza en sí mismos y las estrategias que pueden emplear para superarlos.

La falta de confianza en sí mismos puede limitar el crecimiento personal y profesional de los tipo seis, así como su capacidad para tomar riesgos saludables.

Imaginemos a Laura, una mujer tipo seis que lucha constantemente con su confianza en sí misma. A pesar de tener un trabajo estable, siente inseguridad en su capacidad para avanzar en su carrera y depende demasiado de la aprobación de los demás. Sin embargo, ella está decidida a superar esta limitación y a aumentar la confianza en sí misma.

Laura comienza a practicar la auto-afirmación diaria, recordando sus logros pasados y fortalezas antes de comenzar su jornada laboral. También comienza a identificar los miedos que la frenan, tales como el miedo al fracaso y al juicio de los demás. Con el apoyo de un coach, Laura desafía gradualmente estos miedos al establecer metas más ambiciosas en su trabajo y asumir proyectos más desafiantes. A medida que logra pequeños éxitos, aumenta su confianza en sí misma.

Además de trabajar en sí misma, Laura busca el apoyo adecuado en su entorno laboral. Encuentra un mentor que ha superado desafíos similares y puede brindarle orientación y aliento. Su mentor la anima a tomar riesgos calculados y a confiar en su intuición. Por otra parte, Laura se rodea de amigos y colegas positivos que la apoyan y la motivan a creer en sí misma.

A medida que Laura continúa avanzando en su carrera, su confianza en sí misma sigue creciendo y adquiere más seguridad en su propio juicio, al fin comienza a toma decisiones con mayor tranquilidad. Aunque todavía enfrenta momentos de duda, Laura se ha liberado de depender demasiado de la validación externa y se siente más segura en su capacidad para enfrentar los desafíos laborales.

El desarrollo de la confianza en sí mismo es un proceso gradual para los tipo seis. Al enfrentar los miedos, practicar la autoafirmación, buscar el apoyo adecuado y tomar medidas progresivas, pueden superar su tendencia al auto descuido y cultivar una confianza sólida en sí mismos.

Al hacerlo, experimentan una mayor satisfacción y éxito en todas las áreas de sus vidas.

La personalidad del tipo seis

El tipo seis se caracteriza por ser leal, poseen cualidades tan positivas como el sentido del deber y compromiso con los demás. Son confiables y preocupados por la seguridad.

Su enfoque principal es protegerse a sí mismo y a sus seres queridos, lo que los hace cautelosos y siempre alerta a posibles peligros. Sin embargo, esta preocupación excesiva puede generar ansiedad y dudas en su capacidad para tomar decisiones y confiar en sí mismos.

Los Leales buscan constantemente la aprobación y validación de los demás. Esta necesidad de seguridad puede llevarlos a depender emocionalmente de los demás, lo que puede volverse excesivo en algunas ocasiones.

El miedo es una característica importante en los tipo seis y puede manifestarse de diferentes maneras, algunos pueden volverse más temerosos y cautelosos, mientras que otros pueden adoptar una actitud más desafiante y rebelde, sin embargo, es común que todos experimenten una sensación de alerta constante y preocupación por el futuro.

Cada uno de Los Leales tiene una forma única de expresar su personalidad, por lo que es importante tener en cuenta que estas características pueden variar en cada caso.

Para comprender mejor la personalidad del tipo seis, veamos una situación cotidiana, por ejemplo, María, una mujer tipo seis, trabaja en una empresa y constantemente se preocupa por posibles problemas. Aunque es leal a su equipo, su necesidad de seguridad puede hacerla indecisa en la toma de decisiones importantes.

Superar la duda y la ansiedad es un proceso que requiere autoexploración y trabajo personal. Reconocer los logros y éxitos pasados es una estrategia efectiva para fortalecer la confianza en sí mismos. Además, fomentar la autocompasión y aceptación es fundamental, ya que todos cometemos errores y el crecimiento personal implica aprendizaje constante.

Aprender a manejar el miedo y la ansiedad de manera saludable es otro aspecto importante para el desarrollo del tipo seis. Practicar técnicas de relajación y buscar el apoyo de profesionales de la salud mental pueden ser de gran ayuda en este caso.

En la vida cotidiana, encontramos ejemplos de cómo pueden cultivar la confianza en sí mismos. Alejandro, un hombre tipo seis, se siente inseguro al presentar un proyecto en su trabajo. Sin embargo, mediante la preparación, la investigación y la búsqueda de apoyo, logra superar su ansiedad y presentar su proyecto con seguridad.

Los tipo seis pueden fortalecer su confianza y desarrollar una mayor seguridad en sus capacidades. Al hacerlo, encontrarán un mayor equilibrio y satisfacción en sus vidas, estableciendo una conexión más sólida consigo mismos y con los demás.

Luchas y fortalezas del tipo seis

La personalidad del tipo seis se caracteriza por su lealtad, compromiso y preocupación por la seguridad. Están dispuestos a brindar su apoyo a quienes consideran importantes en su vida. Sin embargo, también pueden experimentar desconfianza y sobredependencia en sus relaciones, lo que dificulta la formación de vínculos sólidos.

Una de las luchas del tipo seis es la desconfianza, impulsada por su miedo al abandono y a la traición. Constantemente dudan de las intenciones de los demás y buscan señales de amenaza. Además, pueden volverse sobre-dependientes emocionalmente, buscando la aprobación y validación constantemente.

A pesar de sus luchas, los tipo seis tienen fortalezas muy valiosas, su lealtad y compromiso los convierten en compañeros confiables. Su habilidad para detectar amenazas y anticiparse a problemas es útil en situaciones difíciles, además, su preocupación por la seguridad les permite establecer vínculos basados en la confianza y protección mutua.

Para superar estas luchas, es fundamental que los tipo seis trabajen en la gestión de su miedo y ansiedad y en la confianza en sí mismos. Esto implica establecer límites saludables en las relaciones. La comunicación abierta y honesta también es clave, expresando preocupaciones de manera clara y respetuosa.

Un ejemplo de cómo los tipo seis pueden desarrollar fortalezas en las relaciones es Laura, quien busca terapia para explorar sus raíces de desconfianza y aprender técnicas para manejar su ansiedad. También se compromete a establecer límites saludables y comunicarse abiertamente con sus seres queridos. A través de este proceso, construye una base sólida de confianza y desarrolla su autonomía.

Aunque enfrentan desafíos, los tipo seis pueden superar sus luchas y construir relaciones más saludables y significativas. Al cultivar la confianza en sí mismos, establecer límites y comunicarse abiertamente, encuentran un equilibrio entre la seguridad y la conexión auténtica con los demás.

Superando el miedo

El miedo es una emoción fundamental que todos hemos experimentado en algún momento de nuestras vidas. Sin embargo, para el tipo seis del Eneagrama, el miedo juega un papel central en su personalidad y puede llegar a ser abrumador.

Para comprender mejor el miedo de Los Leales, e presento a David, un hombre de mediana edad que se identifica como un tipo seis. David vive constantemente en un estado de alerta, anticipando lo peor y buscando formas de protegerse a sí mismo y a sus seres queridos. Su miedo se manifiesta en una serie de preocupaciones y escenarios catastróficos que pueden parecer irracionales para los demás, pero son muy reales para él.

Una de las principales luchas de David es el miedo al abandono, basado en experiencias pasadas de traición y sentirse dejado de lado, esto lo lleva a buscar constantemente la validación y la confirmación de los demás, generando tensión en sus relaciones.

Para superar su miedo, David comienza a trabajar en el autodescubrimiento y el crecimiento personal. A través de la terapia y el autoexamen, desafía sus pensamientos y creencias limitantes, cuestionando la veracidad de sus miedos y explorando formas más saludables de abordar situaciones desafiantes. Además, se compromete a desarrollar una mayor confianza en sí mismo, enfrentando gradualmente sus miedos y adquiriendo nuevas habilidades para manejar situaciones difíciles.

David también construye una red de apoyo sólida, rodeándose de personas que lo animan a enfrentar sus miedos y le brindan el apoyo emocional necesario. Aprende a gestionar el miedo de manera saludable y constructiva, reconociendo que puede ser una señal de precaución pero no dejando que controle su vida o limitando sus experiencias.

En su viaje de superación del miedo, David encuentra inspiración en otras personas valientes y resilientes. Además, practica técnicas de manejo del estrés y la ansiedad, como la meditación y la visualización positiva, para calmar su mente y tomar decisiones más equilibradas y racionales.

A lo largo de su proceso, David descubre que los desafíos ofrecen oportunidades de crecimiento y empoderamiento. Cambia su perspectiva y ve los obstáculos como experiencias de aprendizaje en lugar de amenazas inminentes, abordándolos con mayor confianza y determinación.

Por medio de la historia de lucha y de superación de David hemos descubierto que a través del autoexamen, el afrontamiento, la búsqueda de inspiración y la adopción de técnicas de manejo del estrés, los tipo seis pueden liberarse de la parálisis del miedo y vivir una vida más plena y valiente.

Desarrollando la confianza en ti mismo

El tipo seis tiende a ser cauteloso y duda de sus propias capacidades, limitando su crecimiento y éxito personal. Para superar esto, es necesario que autorreflexione de forma consciente, así va a fortalecer su confianza interna y vivir una vida más satisfactoria.

Explorar las fortalezas, habilidades y logros pasados es indispensable para que Los Leales desarrollen la confianza en sí mismos. Es esencial que admitan y aprecien su valía y capacidades propias, igualmente puede ser inspirador reconocer cómo superaron desafíos en el pasado.

Los pensamientos negativos alimentan la autoduda y socavan la confianza en sí mismos de los tipo seis, por lo que es importante que aprendan a cuestionar y desafiar estos pensamientos, la clave es examinar la evidencia que los respalda o refuta y reemplazarlos por afirmaciones más realistas y positivas.

Trabajar gradualmente hacia metas alcanzables es una forma efectiva de desarrollar la confianza en sí mismo. Identificar pequeñas metas y dar pasos concretos hacia ellas les puede generar confianza. Además, contar con el apoyo de personas de confianza, como amigos, familiares o profesionales, brinda ánimo, perspectivas objetivas y retroalimentación constructiva.

Los Leales pueden desarrollar su autoconfianza al asumir desafíos y enfrentar situaciones nuevas, aceptando cada experiencia como una oportunidad de aprendizaje y crecimiento, incluso al tener resultados adversos, ya que pueden utilizar los errores para aprender y mejorar.

Para los tipo seis también es importante reconocer y celebrar los éxitos, por pequeños que sean, esto refuerza su confianza en sí mismos y les brinda un impulso positivo. La celebración personal, compartir los logros con personas de confianza o recompensarse de alguna manera especial pueden ser estrategias efectivas.

Por otra parte, practicar la autocompasión, tratarse con amabilidad y comprensión en momentos de duda o autocrítica, es esencial para el crecimiento personal, ver los fracasos como oportunidades para crecer, les permitirá a Los Leales construir una confianza sólida y duradera.

El desarrollo de la confianza en sí mismo es un proceso personal y gradual. Al superar la autoduda y creer en la valía propia, los tipo seis pueden enfrentar desafíos con seguridad y vivir una vida más plena y auténtica, aprovechando todo su potencial y disfrutando de relaciones más significativas y gratificantes.

CAPÍTULO 9

Personalidad tipo 7: El Entusiasta

Los tipo siete tienen una personalidad vibrante y optimista, son personas creativas y aventureras que siempre están en busca de nuevas experiencias y oportunidades y constantemente buscan la satisfacción y la emoción en la vida. Sin embargo, también enfrentan desafíos y luchan por encontrar una plenitud y satisfacción duraderas.

Detrás de su aparente alegría y entusiasmo, Los Entusiastas tienen la tendencia de evitar el dolor y la incomodidad emocional buscando experiencias positivas y distracciones. Esto puede llevarlos a escapar de situaciones difíciles o emocionalmente desafiantes.

Para encontrar la plenitud en el presente, es importante que reconozcan este patrón, se permitan estar presentes y enfrenten las emociones que les surjan.

Aprender a estar cómodos con la incomodidad y afrontar los desafíos les ayudará a experimentar una sensación más profunda de plenitud y autenticidad.

Buscar constantemente nuevas experiencias, a veces les impide apreciar las cosas simples y hermosas que ya tienen en sus vidas. Desarrollar la gratitud les permitirá apreciar y disfrutar plenamente de lo que tienen en el presente.

Pueden hacerlo llevando un diario de gratitud, y registrando tres cosas por las que estén agradecidos cada día, o simplemente tomando un momento para reflexionar sobre las bendiciones y alegrías que ya existen en sus vidas.

Al practicar la gratitud, los tipo siete encuentran plenitud en las pequeñas cosas y desarrollan una mayor conexión con el momento presente.

La naturaleza entusiasta de los tipo siete puede llevarlos a asumir demasiados compromisos y llenar su vida de actividades, esto dispersa su energía y los agota.

Para encontrar la plenitud en el presente, deben aprender a establecer límites y decir "no" cuando sea necesario. Esto les permitirá dedicar tiempo y energía a las cosas que realmente les importan y les brindan satisfacción.

Al establecer límites saludables, los tipo siete pueden encontrar un equilibrio entre la exploración de nuevas experiencias y la dedicación a las cosas que les dan plenitud.

La práctica de la atención plena es especialmente beneficiosa para los tipo siete, ya que les ayuda a estar presentes en el momento y a disfrutar plenamente de cada experiencia.

Implica prestar atención deliberada y sin juicio a los pensamientos, sensaciones y emociones presentes. Los Entusiastas pueden practicar la atención plena en actividades cotidianas tales como comer, caminar o sentarse en silencio durante unos minutos al día.

Al estar presentes y conscientes en el momento, los tipo siete pueden experimentar una mayor plenitud y conexión consigo mismos y con su entorno.

Otro aspecto importante para encontrar la plenitud en el presente es que los tipo siete se abran a la vulnerabilidad. A menudo evitan situaciones que los hacen sentir vulnerables o emocionalmente expuestos.

Sin embargo, al permitirse sentir y expresar una gama completa de emociones, incluso las incómodas o desagradables, pueden experimentar una mayor autenticidad y una conexión más profunda consigo mismos y con los demás.

Los tipo siete también tienen la tendencia de vivir en el futuro, anticipando nuevas experiencias y persiguiendo constantemente la próxima aventura. Sin embargo, para encontrar la plenitud en el presente, es esencial que se enfoquen en el ahora.

Esto implica saborear y disfrutar plenamente de cada experiencia, sin proyectarse demasiado en el futuro. Pueden practicar estar presentes en el momento, a través de técnicas como la meditación, la respiración consciente y la atención plena en las actividades diarias.

El Entusiasta tiene la capacidad de encontrar la plenitud en el presente al reconocer el impulso de evasión, cultivar la gratitud, establecer límites, practicar la atención plena, abrazar la vulnerabilidad y buscar la plenitud en el ahora.

Al desarrollar estas habilidades y perspectivas, los tipo siete pueden experimentar una mayor conexión emocional, autenticidad y satisfacción en sus vidas.

A medida que aprenden a disfrutar plenamente de cada momento, se liberan de la búsqueda constante de emociones intensas y encuentran una profunda alegría y plenitud en el presente.

La personalidad del tipo siete

La personalidad tipo siete del Eneagrama se caracteriza por ser enérgica, optimista y orientada hacia el placer. Son verdaderos aventureros, siempre están en busca de nuevas experiencias emocionantes, les encanta explorar todas las posibilidades que la vida les ofrece y sacar el máximo provecho de ellas.

Sin embargo, detrás de su aparente alegría, los tipo siete tienen una profunda aversión al dolor y al sufrimiento emocional. Prefieren evitar situaciones difíciles o desagradables y buscan constantemente el placer y la evasión.

Este deseo de evitar el dolor también los lleva a buscar constantemente nuevas experiencias y emociones intensas, y esta actitud los impulsa a llenar su agenda con actividades y proyectos para mantenerse ocupados y distraídos, evitando así enfrentar sus emociones más difíciles.

Para ellos, la variedad y la estimulación constante son vitales. Les gusta tener gran variedad de opciones y oportunidades abiertas frente a ellos, ya que esto les brinda una sensación de seguridad y satisfacción.

Les resulta difícil comprometerse con una sola opción o un solo camino en la vida, ya que temen perderse algo mejor o más emocionante en el futuro.

A pesar de su energía y alegría contagiosa, Los Entusiastas también enfrentan desafíos en la conexión con sus propias emociones más profundas. A menudo, se identifican con su imagen de personas felices y optimistas, pero esto los puede llevar a reprimir o negar emociones menos agradables como la tristeza o el miedo.

Esta negación de sus emociones puede generar una desconexión con su verdadero ser y dificultar su capacidad para enfrentar los desafíos emocionales de la vida, por lo que para ellos es importante aprender a comprender, aceptar y gestionar sus propias emociones.

Detrás de esa fachada alegre, también hay espacio para experimentar emociones profundas. Al permitirse sentir y expresar lo que sienten, pueden encontrar un equilibrio entre la búsqueda del placer y la capacidad de enfrentar los desafíos emocionales. Esto les permitirá tener una plenitud genuina en el presente y mantenerse conectados consigo mismos.

Enfoque en la búsqueda de experiencias

Los tipo siete son enérgicos, entusiastas y aventureros, les gusta vivir al máximo y esto los impulsa a buscar experiencias estimulantes. Son exploradores incansables, encuentran diversión y emoción en cualquier situación. Buscan oportunidades, viajes, relaciones y actividades creativas que les den placer, alegría y sensación de libertad.

A veces, su enfoque en la búsqueda de experiencias puede llevarlos a evitar situaciones incómodas o dolorosas, pero prefieren evitar cualquier sentimiento negativo y los evaden. Es importante que encuentren un equilibrio saludable entre la búsqueda de experiencias satisfactorias y la aceptación de todas las facetas de la vida, tanto positivas como negativas.

Los Entusiastas pueden aprender a enfrentar los desafíos emocionales y estar presentes en el momento. Al hacerlo, desarrollarán una mayor profundidad emocional y experimentarán una verdadera plenitud en sus vidas.

Abrazando la plenitud en el presente

El Entusiasta se caracteriza por su constante búsqueda de experiencias emocionantes, su contagioso entusiasmo y su deseo de evitar cualquier tipo de restricción o limitación. Sin embargo, en su afán de encontrar la felicidad y la plenitud, tienen dificultad para estar plenamente presentes en el momento y se sienten insatisfechos.

Los tipo siete se suelen distraer fácilmente con la anticipación de futuros proyectos, viajes o actividades, y luchan por mantenerse comprometidos con el presente. Para encontrar la plenitud en el presente, necesitan aprender a estar conscientes de sus propias emociones y necesidades, y a enfrentar los desafíos que se les presentan.

Esto implica explorar y aceptar tanto las experiencias agradables como las difíciles, permitiendo que las emociones fluyan sin evitarlas ni suprimirlas.

Un tipo siete puede disfrutar de un paseo, observando los colores vibrantes de las flores, sintiendo la brisa en su rostro, escuchando el canto de los pájaros y viviendo el momento presente, en lugar de planear su próxima aventura o distrayéndose con pensamientos sobre eventos futuros. Al estar abierto a la experiencia y saborear el presente, un Entusiasta puede sentirse pleno y satisfecho.

Los tipo siete a menudo se preocupan por perderse algo mejor, o por sentirse atrapados en compromisos a largo plazo. Sin embargo, al cultivar la presencia y la conexión emocional con los demás, pueden descubrir la alegría en las relaciones auténticas y significativas.

Es fundamental que practiquen la atención plena y la gratitud, esto puede incluir apreciar una comida deliciosa, disfrutar de una conversación íntima con un ser querido o disfrutar de la tranquilidad y el descanso.

Los tipo siete tienen el desafío de confrontar y procesar el temor o la incomodidad que puedan surgir al detenerse y enfrentar sus emociones, en lugar de evadirlas. A través de la introspección pueden superar su resistencia al dolor y descubrir que al permitirse sentir plenamente, también pueden experimentar una mayor alegría y satisfacción en su vida.

Mediante la atención plena, la gratitud y la conexión emocional con los demás, los Entusiastas pueden aprender a estar presentes en sus vidas, encontrar una mayor satisfacción en cada experiencia y descubrir que la felicidad se encuentra en la capacidad de disfrutar y saborear cada momento de la vida.

Un ejemplo podría ser un Siete durante una fiesta con amigos. En lugar de estar constantemente pensando en qué hacer después de la fiesta o en las próximas actividades, se compromete a disfrutar plenamente del momento, conversa con entusiasmo, se ríe con autenticidad y se conecta emocionalmente con los demás, experimentando una sensación de plenitud y conexión genuina.

Evitando la dispersión

Los Entusiastas saltan de una actividad a otra sin disfrutar plenamente de cada una. Esto les produce insatisfacción constante, nunca están totalmente satisfechos con lo que hacen en el presente.

Evitando la dispersión, los tipo siete pueden aprender a encontrar un equilibrio entre su deseo de diversidad y su capacidad de estar presentes en el momento. Pueden lograrlo al establecer prioridades y mantener un enfoque en las tareas y proyectos más significativos.

Al identificar y comprometerse con metas concretas, van a canalizar su energía y entusiasmo hacia actividades que realmente les brinden satisfacción y realización.

La atención plena también les ayuda a estar presentes en el momento actual, al observar sus pensamientos y emociones sin dejarse llevar por ellos. Al tomar conciencia de sus impulsos y deseos de evadir el aburrimiento, los tipo siete tomarán decisiones más conscientes y deliberadas sobre en qué enfocar su tiempo y energía.

Además, la autoexploración y la aceptación de la incomodidad emocional son fundamentales para encontrar un equilibrio entre el deseo de diversidad y la capacidad de estar presentes en el momento.

Al confrontar los miedos subyacentes y explorar su naturaleza entusiasta y curiosa, los tipo siete pueden adoptar estrategias para evitar la dispersión y cultivar la capacidad de estar plenamente presentes en cada experiencia.

Un ejemplo práctico sería un Entusiasta en una reunión de trabajo con múltiples oportunidades de proyectos emocionantes. En lugar de comprometerse con todos de inmediato, reflexiona y evalúa cuál de ellos se alinea mejor con sus valores y metas a largo plazo. Al tomar una decisión más consciente y evitar la dispersión, puede concentrarse en un proyecto a la vez y dedicar su energía y atención plenamente a ese objetivo.

Al superar la tendencia a la dispersión, los tipo siete van a estar presentes en cada experiencia y comprometerse plenamente con lo que eligen hacer, con una profundidad en sus vidas que antes no habían experimentado. Además, al encontrar un equilibrio entre la búsqueda de nuevas experiencias y la capacidad para estar arraigados en el momento, pueden desarrollar relaciones más significativas y disfrutar de una mayor conexión con los demás.

CAPÍTULO 10

Personalidad tipo 8: El Protector

Los tipo ocho son fuertes, seguros y decididos que tienden a tomar el control en diversas situaciones, a menudo enfrentan el desafío de transformar su necesidad de control en un empoderamiento saludable y constructivo.

Tienen una fuerza innata, pero a veces pueden sentir la presión de controlar todo a su alrededor, esto les genera conflictos y obstáculos, tanto en sus relaciones como en su vida en general.

Para desarrollar el empoderamiento en lugar del control, los tipo ocho pueden comenzar por tomar conciencia de sus propios miedos y vulnerabilidades, reconocer que su necesidad de controlar a menudo surge para protegerse a sí mismos de ser lastimados o vulnerables.

Al ser conscientes de este patrón de comportamiento, los tipo ocho pueden tomar decisiones más conscientes y desarrollar más confianza en su capacidad para enfrentar desafíos sin ser excesivamente controlador.

Un ejemplo podría ser un ocho que lidera un equipo de trabajo. Inicialmente, el Protector puede tener la tendencia de imponer sus ideas y decisiones sin considerar las opiniones de los demás. Sin embargo, al reflexionar sobre sus propios temores de perder el control, puede darse cuenta de que la verdadera fortaleza radica en permitir que otros contribuyan y se sientan valorados. Aprende a empoderar a su equipo al fomentar un ambiente de colaboración y apoyo mutuo, aprovechando las fortalezas individuales y tomando decisiones basadas en consenso.

Además, pueden beneficiarse al confiar en los demás y delegar responsabilidades, al reconocer que no deben llevar todo el peso sobre sus hombros, pueden liberarse de la carga de controlar todo y, sentir libertad y alivio personal.

Delegar responsabilidades les brinda la oportunidad de concentrarse en aspectos estratégicos y de mayor importancia. Así se sienten menos abrumados, fomentan el crecimiento y el desarrollo de los demás, y crean un ambiente de colaboración y confianza mutua.

A través de la autoconciencia, la confianza en los demás y la delegación efectiva, los tipo ocho pueden desarrollar un liderazgo más equilibrado y empático, con mayor autenticidad y satisfacción. Al cultivar la conciencia de sus miedos y vulnerabilidades, confiar y delegar responsabilidades, los tipo ocho pueden encontrar un equilibrio saludable en su estilo de liderazgo.

Es importante destacar que el proceso de transformar el control en empoderamiento no sucede de la noche a la mañana. Requiere práctica constante, autorreflexión y disposición para aprender de los errores. Los tipo ocho pueden encontrarse en situaciones donde sientan la tentación de retomar el control, especialmente cuando enfrentan desafíos o situaciones estresantes.

Sin embargo, al recordar el objetivo de empoderar a los demás y confiar en el potencial de su equipo, pueden superar estos obstáculos y cultivar relaciones más sólidas.

La personalidad del tipo ocho

La personalidad del tipo ocho se caracteriza por ser fuerte, enérgica y decidida, con un deseo de controlar su entorno. Los tipo ocho son valientes y audaces, no temen asumir el liderazgo y enfrentar desafíos. Tienen una energía poderosa y un impulso interno para proteger a los demás y defender sus propias necesidades e intereses.

Detrás de su apariencia fuerte y dominante, también tienen una profunda necesidad de ser amados y aceptados. Han experimentado situaciones que los han hecho sentir vulnerables o han sido lastimados en el pasado, lo que ha llevado a desarrollar una coraza emocional para protegerse. Como resultado, pueden tener dificultades para mostrar su vulnerabilidad y confiar plenamente en los demás.

Necesitan controlar su entorno, para protegerse, adoptan una postura de fortaleza y dominio, buscando tener el control en todas las situaciones.

Aunque pueden ser directos y francos, expresando abiertamente sus opiniones y deseos, es importante equilibrar esta actitud con la apertura a la vulnerabilidad y la empatía hacia los demás.

Un ejemplo cotidiano de la personalidad del tipo ocho podría ser el alto ejecutivo de una empresa, conocido por su firmeza y determinación al liderar proyectos y tomar decisiones importantes. Si bien su enfoque inspira confianza en su equipo, también puede pasar por alto las ideas y perspectivas de los demás, generando falta de colaboración y resentimiento. Sumergido en su afán de control, el ejecutivo puede tener dificultad para conectar emocionalmente con sus colegas y subordinados, limitando así el desarrollo de relaciones sólidas y enriquecedoras.

Para los tipo ocho es fundamental comprender cómo su necesidad de control afecta a sus relaciones y a su bienestar emocional.

Aprender a equilibrar su fuerza y liderazgo, con una mayor apertura a la vulnerabilidad y la empatía, les permite establecer conexiones más auténticas y satisfactorias con los demás, desarrollando un estilo de liderazgo más colaborativo y construyendo relaciones basadas en la confianza y la conexión emocional.

Relación con el poder

Este tipo de personalidad tiene una marcada inclinación hacia el control y el dominio, lo cual se refleja en su enfoque enérgico y decidido en todas las áreas de su vida. Para comprender mejor esta relación con el poder, es importante destacar que los tipo ocho buscan el poder como una forma de protegerse a sí mismos y a los demás.

Imaginemos a un líder empresarial carismático y determinado. Este líder tiene un enfoque directo y asertivo, y es conocido por tomar decisiones rápidas y contundentes. En situaciones desafiantes, asume un rol de liderazgo y se asegura de que las cosas se hagan a su manera. Aunque puede parecer autoritario, su objetivo subyacente es mantener el control y salvaguardar los intereses de su equipo y organización.

A medida que los tipo ocho buscan controlar su entorno, a menudo se enfrentan a la resistencia de los demás y pueden generar conflictos en sus relaciones interpersonales. Su necesidad de tener la última palabra y tomar el mando puede socavar la confianza y la colaboración en equipos y situaciones de grupo.

Algunas estrategias prácticas para que los tipo ocho desarrollen un liderazgo más inclusivo y participativo, son aprender a escuchar activamente las ideas y perspectivas de los demás, y aprender a delegar responsabilidades fomentando un ambiente en el que todos se sientan valorados y respetados. De esta manera, pueden utilizar su poder para construir relaciones sólidas y promover un cambio positivo en su entorno.

Los tipo ocho pueden encontrar un equilibrio saludable en su relación con el poder a través de la autoconciencia y la empatía, con ellas pueden aprender a utilizar su poder de manera constructiva y a empoderar a los demás en lugar de subyugarlos.

Al reflexionar sobre sus motivaciones y considerar el impacto de sus acciones en los demás, los tipo ocho pueden desarrollar un liderazgo más constructivo y fortalecer las relaciones interpersonales.

A través de estrategias prácticas, como escuchar activamente, delegar responsabilidades y fomentar un ambiente inclusivo, los Protectores pueden transformar su relación con el poder en una herramienta para empoderar a los demás y promover un cambio positivo.

Relación con el control

El tipo ocho tiene una fuerte relación con el control, buscando protegerse a sí mismos y a los demás en su afán de independencia y autonomía. Sin embargo, esta búsqueda de control puede tener tanto aspectos positivos como desafíos.

El tipo ocho tiende a ser una personalidad dominante y poderosa, lo que a menudo se traduce en un deseo de tener control sobre su entorno y las situaciones en las que se encuentra. El control les brinda una sensación de seguridad y les permite mantener su independencia y autonomía.

Sin embargo, su afán de control puede llevarlos a ser inflexibles y reacios a aceptar diferentes puntos de vista o sugerencias de los demás. Pueden resistirse al cambio y luchar contra cualquier intento de influencia externa que perciban como una amenaza a su poder.

Su desafío es encontrar un equilibrio saludable entre tener el control y permitir que los demás también tengan voz y participación en las decisiones. Es importante que aprendan a confiar en los demás y delegar responsabilidades.

El tipo ocho puede desarrollar una relación más saludable con el control al trabajar en el desarrollo de la confianza en sí mismos y en los demás. Aprender a soltar el control excesivo y permitir que otros participen activamente puede fortalecer las relaciones y generar un ambiente de colaboración.

Laura, una tipo ocho, tiene una personalidad fuerte y le gusta tener el control en su vida personal. Cuando su pareja le sugiere cambiar los planes para el fin de semana, ella se muestra reacia y defiende su idea original, ya que le resulta difícil adaptarse a nuevas propuestas.

Para cultivar la confianza y el equilibrio, se compromete a practicar la comunicación abierta y la escucha activa con su pareja. Reconoce que el control excesivo puede afectar negativamente su relación y se esfuerza por dar espacio para que su pareja exprese sus opiniones y tome decisiones conjuntas. Esto crea un ambiente de respeto mutuo y fortalece el vínculo emocional entre ellos.

Al aprender a soltar el control excesivo y permitir la participación activa de los demás, el tipo ocho puede desarrollar relaciones más fuertes y generar un sentido de empoderamiento tanto para sí mismos como para quienes los rodean.

Es importante que encuentre un equilibrio saludable, evitando la rigidez y la resistencia, y cultivando la confianza en sí mismos y en los demás.

De esta manera, el control se convierte en una herramienta para fortalecer las relaciones y fomentar un ambiente de colaboración y crecimiento mutuo.

El control como empoderamiento saludable

Los ocho pueden temer ser vulnerables y estar expuestos a situaciones que los hagan sentir débiles o indefensos. Sin embargo, es importante que reconozcan este impulso y sean conscientes de cómo puede afectar sus relaciones y su bienestar emocional.

Para transformar el control en un empoderamiento saludable, necesitan identificar las razones subyacentes de su necesidad de control, las cuales pueden estar relacionadas con experiencias pasadas de traumas o vulnerabilidad, comprender estas raíces les ayudará a abordarlas de manera más efectiva.

Una vez que comprenden las raíces de su necesidad de control, es importante que trabajen en la confianza en sí mismos y en los demás. Esto implica desarrollar una mayor seguridad en sus propias habilidades y capacidades, así como confiar en la capacidad de otros para asumir responsabilidades y tomar decisiones.

Parte de transformar el control en un empoderamiento saludable implica aceptar y reconocer que es natural sentirse vulnerable en ciertas situaciones, así como permitirse expresar y procesar estas emociones, esto les brinda una mayor autenticidad y conexión con los demás.

En el ámbito laboral, un líder ocho puede transformar su necesidad de control al asignar tareas a su equipo y permitirles asumir responsabilidades; en una relación de pareja, puede trabajar en el equilibrio del control al practicar la apertura y la comunicación.

En situaciones de estrés o conflicto, un ocho puede transformar su impulso de control al aprender a manejar el enojo de manera constructiva. En lugar de imponer su voluntad o dominar la situación, pueden practicar técnicas de resolución de conflictos, como el diálogo abierto, la empatía y la búsqueda de soluciones mutuamente beneficiosas.

En su crecimiento personal, puede buscar actividades que lo desafíen a soltar el control y explorar su lado más vulnerable. Esto podría incluir participar en terapia o grupos de apoyo, practicar actividades creativas donde se sientan menos seguros y aprender a confiar en su intuición y en los demás.

Transformar el control en un empoderamiento saludable es un proceso significativo para el tipo ocho. Al reconocer su impulso de control, explorar las raíces subyacentes, cultivar la confianza, practicar la comunicación abierta, delegar responsabilidades, aceptar la vulnerabilidad y manejar el enojo de manera constructiva, los ocho pueden desarrollar una relación más equilibrada con el control.

Al hacerlo, se abren a experiencias más enriquecedoras, relaciones más saludables y un mayor sentido de empoderamiento personal.

CAPÍTULO 11

Personalidad tipo 9: El Pacificador

El Pacificador tiene una tendencia natural a evitar el conflicto y a mantener la paz y la armonía en su entorno, pero este deseo lo lleva a posponer sus propias necesidades y deseos, perdiendo de vista sus prioridades.

Los tipo nueve a menudo se adaptan a los demás para evitar el conflicto, lo que puede llevarlos a descuidar sus propias necesidades. Es importante que los tipo nueve reconozcan esta tendencia y tomen conciencia de cómo se diluyen en favor de otros. Pueden empezar por identificar situaciones en las que se sienten incómodos o resentidos por no poder expresarse o poner límites.

Para encontrar su voz y prioridades, los tipo nueve deben conectarse con su mundo interior, dedicando tiempo a la autorreflexión. Pueden preguntarse qué es lo que realmente desean, qué les apasiona y qué valores son importantes para ellos. La meditación, el diario personal y el trabajo terapéutico pueden ser herramientas útiles para este proceso.

A menudo evitan el conflicto y no establecen límites claros. Para encontrar su voz, es importante que aprendan a decir "no" cuando sea necesario, a defender sus propias necesidades y deseos, y a priorizarse sin sentir culpa.

Para encontrar su voz, Podrían practicar la expresión de sus opiniones y deseos clara y asertivamente, pueden comenzar compartiendo sus ideas en reuniones o discusiones grupales, expresando sus preferencias en situaciones cotidianas o participando en actividades donde puedan expresarse creativamente. Al hacerlo, van a descubrir el poder de su voz y experimentar mayor autenticidad y satisfacción personal.

Los tipo nueve a menudo tienen dificultades para identificar sus prioridades y tomar decisiones firmes, es necesario que aprendan a discernir lo que es realmente importante para ellos y a tomar decisiones basadas en sus propios valores y metas. Puede ser útil desarrollar un sistema de priorización que les ayude a enfocarse en lo que es significativo para ellos y establecer metas claras que reflejen sus verdaderas prioridades.

Para los tipo nueve, encontrar su voz y prioridades personales implica superar su tendencia a evitar el conflicto y a complacer a los demás. Requiere un proceso de autoexploración, autoconciencia y autenticidad. A medida que se conectan con su voz interior y establecen límites saludables, sentirán mayor sensación de empoderamiento y autenticidad en su vida diaria.

Encontrar la propia voz y prioridades no implica ser egoísta o irrespetuoso hacia los demás. Los tipo nueve pueden aprender a comunicarse de manera asertiva y respetuosa, teniendo en cuenta las necesidades de los demás, pero sin descuidar las propias.

A medida que los tipo nueve se empoderan a sí mismos, encontrarán una mayor satisfacción personal y una conexión más profunda consigo mismos y con los demás.

La personalidad del tipo nueve

La personalidad de los Pacificadores se caracteriza por su deseo de mantener la paz y la armonía en su entorno. Son amables, conciliadores y están dispuestos a ceder para evitar conflictos, son personas comprensivas y empáticas, capaces de ver diferentes perspectivas y encontrar soluciones, tienen habilidad para crear un ambiente tranquilo y acogedor es apreciada por los demás.

Sin embargo, detrás de su aparente calma, enfrentan desafíos internos que los llevan a desconectarse de sus propias necesidades y deseos. En su afán por evitar el conflicto tienden a suprimir sus emociones y adaptarse a las expectativas de los demás, perdiendo de vista sus propias opiniones y prioridades. Esto puede generar pérdida de identidad y la percepción de que su voz no es escuchada.

Tienen tendencia a la pasividad y la procrastinación. Pueden posponer decisiones y acciones, evitando situaciones difíciles o incómodas, lo que les lleva a sentirse estancados y sin dirección.

Para desentrañar su personalidad y conectarse con su verdadero ser, los tipo nueve deben tomar conciencia de sus propias necesidades y deseos, establecer límites saludables, expresar opiniones y tomar decisiones alineadas con sus valores y metas personales.

Una práctica que les puede resultar muy útil es la autoafirmación, identificando y expresando sus propias necesidades de forma clara y asertiva. Además, tomarse tiempo para actividades como la meditación, el yoga o la escritura les ayuda a reconectarse consigo mismos, fomentando una mayor autoconciencia.

A medida que se conectan con su verdadero ser, experimentarán una mayor autenticidad, propósito y plenitud en sus vidas.

Evitando el conflicto

La evitación del conflicto de los Pacificadores se origina en su deseo de preservar la tranquilidad en su vida. Los tipo nueve utilizan diferentes estrategias para evitar el conflicto, sin embargo, esta actitud puede tener consecuencias negativas a largo plazo, veamos algunas de ellas.

- Negar sus propias necesidades y deseos, desconectándose de sus emociones y suprimiendo sus opiniones para evitar confrontaciones.
- Fusionarse con los demás, adaptándose a las expectativas y perdiendo de vista sus propias identidades.
- Procrastinan y posponen situaciones que podrían generar conflictos. Esta falta de acción puede llevarlos a sentirse estancados y sin dirección en sus vidas.

Aunque evitan el conflicto, acumulan resentimiento y frustración interna, lo que afecta su bienestar emocional y sus relaciones.

Para superar la evitación del conflicto, los tipo nueve necesitan adquirir conciencia de sus propias necesidades y deseos, establecer límites saludables, expresar sus opiniones y tomar decisiones alineadas con sus valores y metas personales. Practicar habilidades de comunicación asertiva y resolver problemas de manera constructiva también es útil.

Es fundamental encontrar un equilibrio entre mantener la paz y expresar auténticamente lo que se siente y desea. Al abordar los conflictos de manera saludable, los tipo nueve fortalecen sus relaciones y construyen una identidad más sólida. La autorreflexión y el autoconocimiento son herramientas importantes en este proceso.

Al adquirir conciencia de su tendencia a evitar el conflicto, pueden comenzar a establecer límites saludables, expresar sus necesidades y opiniones con confianza. Esto les permitirá transformar el control y la evitación del conflicto en una comunicación abierta y constructiva.

Superar esta tendencia les llevará a una vida más plena y auténtica.

Buscando la armonía

El tipo nueve busca la armonía en su vida y en sus relaciones, evitando el conflicto y adaptándose a las necesidades de los demás. Se sienten incómodos con las situaciones desafiantes que podrían perturbar su paz interior, prefieren mantener la calma y buscar la unión entre las personas.

Los Pacificadores buscan la armonía de diversas formas, se adaptan fácilmente a los demás, sacrificando sus propias opiniones y deseos para evitar conflictos, evitan expresar sus verdaderas emociones y pensamientos, quedando en un segundo plano. y tienden a posponer o delegar decisiones para evitar conflictos de intereses.

Además, suelen actuar como conciliadores y mediadores. Buscan mantener la paz y encuentran puntos en común para evitar confrontaciones o divisiones, su objetivo es crear un ambiente tranquilo y equilibrado donde todos se sientan cómodos y aceptados.

Es común que integren grupos comunitarios que trabajen para resolver conflictos o fomentar la cooperación entre diferentes grupos sociales. También buscan entornos pacíficos, como espacios naturales o lugares de retiro, para encontrar equilibrio tanto interna como externamente.

Sin embargo, es importante que reconozcan los desafíos de su constante búsqueda de armonía. Al evitar el conflicto y poner las necesidades de los demás por encima de las suyas, pueden perder de vista sus propias metas y deseos. Pueden sentirse desconectados de sí mismos y resentidos por no recibir la atención y el reconocimiento que desean.

Para desarrollar una búsqueda más saludable de armonía, los tipo nueve deben aprender a conectarse con sus propias necesidades y deseos, y expresar su opinión de manera asertiva y respetuosa. Esto implica establecer límites claros, aprender a decir "no" cuando sea necesario y enfrentar los conflictos de manera constructiva, en lugar de evitarlos por completo.

Al conectar con sus propias necesidades y expresar su opinión de manera asertiva, los tipo nueve pueden encontrar una armonía más auténtica y satisfactoria en sus vidas.

Desarrollando una voz propia

En su deseo de mantener la armonía, los Pacificadores pueden perder su voz única y auténtica, es fundamental que desarrollen una voz propia para encontrar su verdadera identidad y experimentar una mayor plenitud en la vida.

Para esto es necesario que se conecten con sus propias necesidades, deseos y opiniones, y que se expresen de manera auténtica. Superar el miedo al conflicto y la preocupación por perturbar la paz les permitirá compartir sus pensamientos y sentimientos, lo que resultará en un sentido de empoderamiento y fortaleza personal.

Un paso importante para que los tipo nueve desarrollen una voz propia es tener conciencia de sí mismos. Dedicar tiempo y espacio para explorar sus propios pensamientos y emociones les permitirá conectarse con lo que realmente quieren y necesitan en la vida.

La meditación, la escritura reflexiva o la terapia personal pueden ser herramientas para explorar su mundo interior y descubrir su voz auténtica.

Otro aspecto crucial es aprender a establecer límites saludables. Los tipo nueve suelen ceder ante las demandas de los demás y les resulta difícil decir "no". Sin embargo, al establecer límites claros y cuidar de sí mismos, pueden proteger su tiempo, energía y espacio personal, esto les brinda la libertad de expresar su voz y comprometerse en actividades y relaciones que los nutran.

La comunicación asertiva también es útil para desarrollar una voz propia, expresar opiniones y sentimientos respetuosa y directamente, sin agresividad ni pasividad. Practicar la expresión de su voz en situaciones cotidianas, como conversaciones familiares o reuniones de trabajo, les permitirá defender sus ideas y perspectivas de manera firme pero respetuosa.

Participar en actividades creativas o artísticas es otro ejemplo de cómo los tipo nueve pueden desarrollar una voz propia. Explorar talentos y expresar creatividad a través de la música, la pintura, la escritura u otras formas de expresión artística les brinda una plataforma para ser reconocidos por sus contribuciones únicas.

El desarrollo de una voz propia es esencial para los tipo nueve. Al conectarse con sus propias necesidades, establecer límites saludables y practicar la comunicación asertiva, podrán liberarse de la tendencia a evadir el conflicto y encontrar su verdadera identidad, y así, sentirán mayor autenticidad, plenitud y satisfacción en su vida.

CONCLUSIÓN

Hacia la sabiduría y la compasión

En el transcurso de nuestro viaje a través del libro "El regreso a ti mismo: descubriendo tu verdadero ser gracias al eneagrama", hemos descubierto el camino del autoconocimiento y la transformación personal.

Reflexionamos sobre cómo nuestras personalidades se entrelazan con el mundo que nos rodea, comprendiendo que el autoconocimiento es fundamental para vivir una vida plena y significativa.

A través del Eneagrama, hemos examinado nuestras fortalezas, debilidades, motivaciones y temores, reconociendo cómo influyen en nuestras relaciones y bienestar general.

Al comprender nuestras motivaciones, patrones de comportamiento y respuestas automáticas, aprendimos a tomar decisiones más conscientes y alineadas con nuestros valores.

El Eneagrama nos ha brindado la valiosa herramienta de explorar nuestras luces y sombras, integrando todas las facetas de nuestra personalidad y encontrando la armonía interna.

Este sistema nos invita a adentrarnos en las complejidades de nuestra propia mente, confrontando aquellas partes de nosotros mismos que preferiríamos ignorar.

Más allá de comprender nuestras tendencias y comportamientos, el Eneagrama nos lleva a un nivel más profundo de conexión con nuestra esencia espiritual. Nos muestra cómo nuestras experiencias y desafíos pueden ser oportunidades para el crecimiento y la evolución del alma. Nos anima a soltar el apego a nuestras identidades limitadas y permitir que nuestra verdadera naturaleza brille.

En este viaje de autodescubrimiento y crecimiento personal, encontramos el poder para transformarnos y al mundo que nos rodea. Nos convertimos en agentes de cambio positivo, construyendo relaciones auténticas y apoyándonos mutuamente en nuestro crecimiento. Reconocemos que todos estamos en un viaje personal, con nuestras propias historias, desafíos y necesidades, cultivando mayor comprensión, empatía y conexión genuina.

A medida que nos adentramos en nuestra propia sabiduría y compasión, también podemos convertirnos en un faro de luz para aquellos que nos rodean. Compartir nuestras experiencias, conocimientos y comprensión del Eneagrama contribuye al bienestar de la comunidad en general.

Despertamos a nuestra verdadera naturaleza, viviendo desde un lugar de amor, compasión y plenitud. El Eneagrama nos brinda una valiosa guía para explorar nuestro interior, descubrir nuestra verdadera identidad y abrazar la sabiduría y la compasión en nuestras vidas.

"El regreso a ti mismo: descubriendo tu verdadero ser gracias al eneagrama" nos invita a abrazar plenamente nuestra capacidad de ser seres sabios y compasivos. Dentro de cada uno de nosotros hay una chispa de divinidad esperando ser reconocida y nutrida.

A través del autoconocimiento y la práctica constante, despertamos a nuestra verdadera naturaleza y vivimos una vida auténtica y significativa.

En este camino hacia la sabiduría y la compasión, encontramos la posibilidad de ser la persona sabia y compasiva que deseamos ser.

BONUS 1

Visualización y transformación personal

La visualización puede ser una forma efectiva de explorar y profundizar en nuestro interior, es una herramienta poderosa que nos permite acceder a nuestra imaginación y crear imágenes mentales vívidas y significativas.

Mediante la visualización, podemos conectar con nuestras metas, sueños y deseos más profundos, y utilizar esta poderosa herramienta para potenciar nuestro autoconocimiento y nuestro crecimiento personal.

En este bonus, aprenderemos algunos ejercicios de visualización que nos ayudarán a transformar nuestra vida de manera positiva y significativa.

Veamos algunos ejercicios de visualización que pueden ayudarnos a potenciar nuestro autoconocimiento:

La sala de los espejos: Imagina que entras en una sala llena de espejos. Cada uno refleja una faceta diferente de tu personalidad, tus fortalezas, tus debilidades, tus sueños y tus miedos. Observa detenidamente cada reflejo y reflexiona sobre lo que revela sobre ti. Usa esta visualización para obtener una comprensión más profunda de quién eres.

El jardín interior: Cierra los ojos e imagina que caminas por un hermoso jardín. Cada elemento del jardín representa un aspecto de tu vida: las flores simbolizan tus relaciones, los árboles representan tu crecimiento personal, el agua refleja tu tranquilidad interior. Observa cómo se ve cada elemento y cómo interactúan entre sí. Reflexiona sobre lo que te gustaría cambiar, mejorar o cultivar en tu jardín interior. Utiliza esta visualización para explorar tus deseos y metas en diferentes áreas de tu vida.

Nuestra imaginación tiene un poderoso impacto en nuestra percepción y en nuestra capacidad de crear cambios positivos en nuestra vida. Utilicemos la imaginación como una herramienta de cambio positivo.

Viaje al futuro: Cierra los ojos e imagina que te encuentras en un futuro lejano, donde has logrado todos tus objetivos y te sientes plenamente realizado. Observa tu vida en este futuro y visualiza todos los detalles: cómo te sientes, qué logros has alcanzado, cómo te relacionas con los demás, etc. Utiliza esta visualización para conectarte con tu visión de éxito y para establecer metas claras y motivadoras en el presente.

Transformación de creencias limitantes: Identifica una creencia que te impide avanzar hacia tus metas. Cierra los ojos e imagina que sostienes esa creencia en tus manos. Visualiza cómo transformas esa creencia en algo positivo y empoderador. Imaginar que la creencia se convierte en una semilla que plantas en el suelo fértil de tu mente, y disfruta como va creciendo una nueva creencia que te fortalece y te impulsa hacia el éxito.

Recuerda que la visualización es una práctica personal y única para cada persona. Puedes adaptar los ejercicios de visualización a tus propias necesidades y preferencias. Encuentra un lugar tranquilo, cierra los ojos, respira profundamente y sumérgete en la experiencia imaginativa.

Al utilizar estas poderosas visualizaciones, desarrollarás una conexión más profunda contigo mismo, descubriendo nuevas posibilidades y potencialidades en tu vida.

La visualización no solo te ayuda a enfocarte en tus metas y sueños, sino que también te proporciona una herramienta efectiva para superar obstáculos, fortalecer tu confianza y despertar tu creatividad.

A medida que te sumerges en tu imaginación, te abres a nuevas perspectivas y posibilidades, creando una base sólida para el crecimiento y el cambio positivo en tu vida. Así, podrás avanzar hacia la manifestación de tu verdadero ser y vivir una vida plena y significativa.

Las visualizaciones son una valiosa herramienta para la transformación personal, permitiéndote potenciar tu autoconocimiento, explorar tus deseos y metas, y transformar creencias limitantes en empoderadoras.

BONUS 2

Afirmaciones para la autotransformación

Las afirmaciones son declaraciones positivas que nos ayudan a reprogramar nuestra mente y fomentar un cambio positivo en nuestras vidas. En el contexto del Eneagrama, podemos utilizar afirmaciones específicas basadas en cada tipo de personalidad para promover la autotransformación y el crecimiento personal.

A continuación, veamos qué afirmaciones efectivas ayudan el día a día a cada tipo de personalidad:

Personalidad Tipo 1 - El Perfeccionista

- Soy suficiente tal como soy. Me permito cometer errores y aprender de ellos.
- Reconozco que el progreso es más importante que la perfección. Me permito crecer y evolucionar en lugar de buscar la excelencia absoluta.

- Aprecio mis logros y reconozco que el éxito no está determinado únicamente por los resultados finales, sino por el esfuerzo y la dedicación que pongo en cada tarea.

Personalidad Tipo 2 - El Ayudador

- Valoro mi propio bienestar y establezco límites saludables. Me permito recibir apoyo y cuidado.
- Aprendo a decir "no" cuando es necesario y establezco límites saludables para mantener mi bienestar emocional y físico.
- Reconozco que cuidarme a mí mismo me permite estar en mejores condiciones para ayudar a los demás de manera más efectiva y sostenible.

Personalidad Tipo 3 - El Triunfador

- Mi valor no depende de mis logros externos. Mi autenticidad es mi mayor fortaleza.
- Mi valía no está ligada únicamente a mis logros externos, sino a mi autenticidad y la calidad de mis relaciones personales.
- Aprecio los momentos de descanso y disfrute, reconociendo que la verdadera felicidad no depende solo de alcanzar metas, sino de disfrutar el viaje.

Personalidad Tipo 4 - El Individualista

- Celebro mi singularidad y me acepto en todas mis facetas. Mi creatividad ilumina mi camino.
- Exploro y abrazo mi diversidad interna. Cada parte de mí tiene su propósito y contribuye a mi singularidad y crecimiento personal.
- Aprecio el poder de mi creatividad y permito que guíe mis elecciones, trayendo nuevas perspectivas y oportunidades a mi vida.

Personalidad Tipo 5 - El Investigador

- Confío en mi sabiduría interna y comparto mi conocimiento con los demás. Soy parte del todo.
- Confío en mi intuición y sabiduría interior al tomar decisiones y buscar conocimiento. Mi perspectiva única enriquece mi entorno y beneficia a los demás.
- Comparto generosamente mi conocimiento y experiencias, sabiendo que al hacerlo, contribuyo al crecimiento y desarrollo de aquellos que me rodean.

Personalidad Tipo 6 - El Leal

- Confío en mí mismo y en el proceso de la vida. Soy valiente y capaz de enfrentar cualquier desafío.

- Confío en mí mismo y en mi capacidad para enfrentar desafíos. Estoy en constante crecimiento y desarrollo, y tengo la valentía necesaria para superar cualquier obstáculo que se presente.
- Cultivo relaciones basadas en la lealtad y la confianza mutua, creando un entorno de apoyo y colaboración en mi vida.

Personalidad Tipo 7 - El Entusiasta

- Encuentro plenitud en el presente y aprecio las bendiciones de cada momento. La alegría está dentro de mí.
- Encuentro alegría y plenitud en cada momento presente, apreciando las pequeñas cosas que me traen felicidad y gratitud.
- Cultivo una mentalidad de abundancia y optimismo, reconociendo que la alegría y la felicidad son estados internos que puedo nutrir y experimentar en cualquier momento.

Personalidad Tipo 8 - El Protector

- Soy fuerte y poderoso, me permito ser vulnerable y mostrar compasión hacia los demás.

- Reconozco mi fortaleza y poder personal, y también me permito mostrar vulnerabilidad y compasión hacia los demás.
- Uso mi fuerza y protección para cuidar y apoyar a aquellos que me importan, creando un entorno seguro y amoroso a mi alrededor.

Personalidad Tipo 9 - El Pacificador

- Me afirmo y expreso mis necesidades de manera clara y asertiva. Mi voz es importante y valorada.
- Afirmo y expreso mis necesidades y deseos de manera clara y respetuosa, sabiendo que mi voz y mis opiniones son importantes y valoradas.
- Busco la armonía y la resolución pacífica de conflictos, creando un espacio donde todos se sientan escuchados y comprendidos.

Para el buen uso de estas y otras afirmaciones positivas, es recomendable:

Sé consciente de tus pensamientos: Observa tus pensamientos y detecta patrones negativos o limitantes. Identifica las creencias que deseas cambiar y reemplázalas por afirmaciones positivas.

Elige afirmaciones poderosas: Crea afirmaciones que resuenen contigo y que sean relevantes para tu crecimiento personal. Deben ser positivas, en tiempo presente y estar formuladas en primera persona.

Repite y refuerza: Repite tus afirmaciones diariamente, preferiblemente en momentos de paz, al despertar o antes de dormir. Refuerza su efectividad visualizandote viviendo la realidad que deseas mientras las recitas.

Refuerza tus afirmaciones con acciones coherentes: Las afirmaciones son más efectivas cuando van acompañadas de acciones coherentes. Alinea tus acciones y comportamientos con las creencias y actitudes que deseas manifestar en tu vida.

Al utilizar afirmaciones basadas en cada tipo de personalidad del Eneagrama, puedes dirigir tu enfoque hacia los aspectos específicos que deseas fortalecer y transformar en tu vida.

Recuerda que las afirmaciones no son una solución mágica, sino una herramienta que te ayuda a reprogramar tu mente y crear un cambio positivo en tu vida.

El uso de afirmaciones efectivas requiere compromiso y práctica constante. A medida que practicas y te comprometes con las afirmaciones, gradualmente comenzarás a cultivar una mentalidad más positiva, confiada y empoderada.

El cambio lleva tiempo y esfuerzo. Sé paciente contigo mismo y mantén una actitud de apertura y receptividad. No esperes resultados instantáneos, sino que practica consistentemente y confía en el proceso.

Al adoptar afirmaciones positivas y realistas, puedes reprogramar tu mente y comenzar a alinear tus pensamientos, creencias y acciones con tu verdadero potencial.

No te desanimes si al principio no sientes un cambio inmediato, la práctica constante y la perseverancia son clave para obtener resultados duraderos. Con el tiempo, las afirmaciones pueden ayudarte a cambiar tus patrones de pensamiento negativos, fortalecer tu autoconfianza y permitirte alcanzar tus metas y aspiraciones.

Adapta las afirmaciones a tu propio lenguaje y forma de pensar. Elige palabras y frases que te generen una sensación de conexión y empoderamiento, las afirmaciones deben ser realistas y creíbles para ti, ya que tu mente necesita aceptarlas como verdaderas para que sean efectivas.

A medida que practiques las afirmaciones de manera consistente y las integres en tu vida diaria, comenzarás a notar cambios positivos en tu forma de pensar, sentir y actuar. Por ejemplo, si afirmas que eres una persona saludable, apoya esa afirmación con elecciones alimenticias saludables y ejercicio regular.

Las afirmaciones poderosas pueden ser una herramienta invaluable para la autotransformación y el crecimiento personal. Al combinar afirmaciones efectivas con visualizaciones claras y acciones coherentes, podrás cultivar una mentalidad positiva y construir una vida más alineada con tu verdadero ser.

BONUS 3

Cultivando la Resiliencia Emocional

La resiliencia emocional es una habilidad esencial para enfrentar los desafíos y adversidades de la vida con fortaleza y adaptabilidad. Nos permite recuperarnos de las dificultades y mantener una actitud positiva.

La resiliencia emocional es esencial para nuestro bienestar emocional y mental, nos ayuda a enfrentar situaciones estresantes, superar fracasos y mantener una mentalidad positiva. Al cultivarla, desarrollamos la capacidad de manejar nuestras emociones de manera saludable y construir una base sólida para el crecimiento personal.

Existen varios aspectos que la resiliencia emocional puede fortalecer en nuestra personalidad. Por ejemplo:

Adaptación al cambio: Permite adaptarnos a los cambios y transiciones de la vida de manera más efectiva. Nos ayuda a aceptar y superar los obstáculos, encontrando nuevas oportunidades en medio de la adversidad.

Manejo del estrés: Nos ayuda a manejar el estrés de manera más eficiente. Nos permite identificar nuestras respuestas emocionales ante situaciones estresantes y tomar medidas para reducir el impacto negativo del estrés en nuestra salud y bienestar.

Autoconfianza: Fortalece nuestra confianza en nosotros mismos. Nos ayuda a creer en nuestras habilidades para superar los desafíos y nos brinda la valentía necesaria para enfrentar situaciones difíciles.

Existen diversas prácticas que pueden ayudarte a fortalecer tu resiliencia emocional. A continuación, te presento algunos ejercicios y técnicas recomendadas:

Autoconocimiento emocional: Toma el tiempo para explorar y comprender tus propias emociones. Practica la atención plena y la introspección para reconocer tus patrones emocionales y cómo te afectan. Esto te permitirá desarrollar una mayor conciencia de ti mismo y de tus respuestas emocionales.

Construcción de una red de apoyo: Cultiva relaciones sólidas y de apoyo con familiares, amigos y miembros de tu comunidad. Comparte tus sentimientos y experiencias con personas de confianza, ya que esto puede brindarte el apoyo emocional necesario en momentos difíciles.

Búsqueda de apoyo social: Busca el apoyo de personas cercanas a ti, como amigos, familiares o grupos de apoyo. Compartir tus experiencias y emociones con otros puede ayudarte a obtener perspectivas diferentes y sentirte comprendido. Participa en actividades sociales que te brinden conexiones positivas y te permitan sentirte parte de una comunidad.

Practica la autocompasión: Aprende a tratarte con amabilidad y comprensión cuando enfrentes desafíos o te equivoques. Reconoce que todos cometemos errores y que el crecimiento personal implica aprender de ellos. En lugar de juzgarte severamente, practica la autocompasión y date permiso para ser humano.

Mantén una actitud de aprendizaje: Cultiva una mentalidad abierta y receptiva al aprendizaje continuo. Considera cada experiencia como una oportunidad para crecer y aprender más sobre ti mismo. Sé curioso y dispuesto a explorar nuevas perspectivas y enfoques en la vida.

Aceptación y adaptación: Aprende a aceptar las circunstancias que no puedes cambiar y enfócate en adaptarte a ellas. Reconoce que el cambio es una parte inevitable de la vida y busca nuevas formas de abordar los desafíos.

Práctica de la resolución de problemas: Desarrolla habilidades para resolver problemas de manera efectiva. Divide los desafíos en pasos más pequeños y abordables, y busca soluciones creativas. Esto te ayudará a enfrentar los obstáculos con una mentalidad proactiva.

Cuidado personal: Prioriza tu bienestar físico y mental. Dedicar tiempo a actividades que te brinden alegría, descanso y rejuvenecimiento es fundamental para cultivar la resiliencia emocional. Establece límites saludables en tu vida y aprende a decir "no" cuando sea necesario. El autocuidado también implica mantener una alimentación balanceada, descansar lo suficiente y mantener una rutina de sueño adecuada.

Desarrollo de habilidades de afrontamiento: Aprende técnicas de afrontamiento saludables para manejar el estrés y las emociones negativas. Esto puede incluir la práctica regular de ejercicio físico, técnicas de relajación como la meditación o la respiración profunda, y la búsqueda de actividades que te ayuden a expresar tus emociones, como escribir en un diario o practicar un hobby.

Cultivo de pensamientos positivos: Practica la gratitud y el enfoque en aspectos positivos de tu vida. Desafía tus pensamientos negativos y reemplázalos por afirmaciones positivas. Elabora una lista de logros pasados y fortalezas personales para recordarte tu capacidad de superar obstáculos y enfrentar desafíos.

Desarrollar la resiliencia emocional es un proceso continuo que requiere práctica y dedicación. Al fortalecer nuestra capacidad para manejar las emociones y adaptarnos a las situaciones difíciles, podemos enfrentar los desafíos de la vida con confianza y mantener una perspectiva positiva.

Utiliza estos ejercicios y técnicas para construir una base sólida para tu bienestar emocional y crecimiento personal.

Recuerda ser amable contigo mismo durante este viaje de autotransformación.

BONUS 4

Construyendo Relaciones Saludables

Las relaciones saludables y significativas son fundamentales para nuestro bienestar emocional y personal. Nos brindan apoyo, compañía y un sentido de conexión profunda. Sin embargo, construir relaciones saludables puede ser un desafío, ya que cada individuo trae consigo experiencias y patrones de comportamiento únicos.

La base de toda relación saludable es una comunicación abierta y honesta, esto implica:

- Aprender a expresar nuestros sentimientos, pensamientos y necesidades de manera clara y respetuosa.
- Escuchar activamente a tu pareja, amigo o familiar, mostrando interés genuino y empatía.

- Establecer límites claros en las relaciones, esto es esencial para garantizar el respeto mutuo y el equilibrio emocional.
- Aprender a decir "no" cuando sea necesario y a poner límites en situaciones incómodas.

La confianza es un pilar fundamental en las relaciones saludables. Para construirla, es importante:

- Ser auténtico.
- Cumplir con las promesas y compromisos.
- Evitar la manipulación, la deshonestidad y el engaño.
- Practicar la empatía y la comprensión al ponerse en el lugar del otro y validar sus emociones y perspectivas.
- Identificar y abordar los patrones tóxicos, comportamientos abusivos o falta de respeto en las relaciones.

Superar los patrones tóxicos requiere un trabajo personal y un compromiso mutuo. Puedes buscar apoyo profesional o considerar la terapia para trabajar en la sanación y el cambio.

Es importante recordar que cada relación es única y requiere atención constante. Al desarrollar una mayor conciencia de ti mismo y de tus patrones de relación, podrás nutrir y fortalecer tus conexiones con los demás.

Recuerda que las relaciones saludables también implican cuidar de ti mismo. Establece límites y dedica tiempo para tu autocuidado físico y mental.

Al construir relaciones saludables, estarás cultivando un entorno de apoyo, confianza y crecimiento mutuo. A través de la atención y el compromiso, puedes crear relaciones duraderas y significativas que te impulsen hacia una vida más plena y satisfactoria.

Te agradezco tu interés en leer mi obra

Espero que este libro te haya resultado interesante y que, leyendo mis experiencias, hayas obtenido ideas e inspiración que te ayuden en tu propio camino hacia la superación personal, la salud mental y la felicidad.

Te invito a seguir en el camino de la autoayuda

Sigue leyendo toda la colección de libros de autoayuda que he creado para tí, sigue obteniendo ideas e inspiración para tu superación personal, salud mental y felicidad.

Tu ayuda significa mucho

Si te gustó este libro, una de las mejores cosas que puedes hacer por mí sería dejar una reseña en el sitio web donde lo compraste. No te llevará mucho tiempo, pero sería genial si pudieras dedicarme esos minutos. Si le das a mi obra una valoración alta, la verá más gente y, a su vez, mejorará su vida, salud y felicidad.

Que tu viaje esté lleno de paz y abundancia,
Simone Keys

www.ingramcontent.com/pod-product-compliance
Lightning Source LLC
Chambersburg PA
CBHW050252010526
44107CB00003B/292